전봉준
재판정
참관기

전봉준 재판정 참관기

1894년, 전봉준과 조선 그리고 일본이 벌인 진실공방의 현장 속으로!

초판 1쇄 발행 2016년 2월 14일
초판 3쇄 발행 2023년 6월 5일

엮은이   김흥식
펴낸이   이영선

편집   이일규 김선정 김문정 김종훈 이민재 김영아 이현정 차소영
디자인   김회량 위수연
독자본부   김일신 정혜영 김연수 김민수 박정래 손미경 김동욱

펴낸곳 서해문집 | 출판등록 1989년 3월 16일(제406-2005-000047호)
주소 경기도 파주시 광인사길 217(파주출판도시)
전화 (031)955-7470 | 팩스 (031)955-7469
홈페이지 www.booksea.co.kr | 이메일 shmj21@hanmail.net

ⓒ 김흥식, 2016
ISBN 978-89-7483-774-7 43910

이 도서의 국립중앙도서관 출판시도서목록(CIP)은 e-CIP 홈페이지(http://www.nl.go.kr/ecip)에서
이용하실 수 있습니다.(CIP제어번호: CIP2016001166)

전봉준
재판정
참관기

1894년, 전봉준과 조선
그리고 일본이 벌인
진실공방의 현장 속으로!

김흥식 엮음

서해문집

일러두기

- 이 책은 동학농민운동의 지도자 전봉준의 신문 과정을 기록한 《전봉준 공초》를 토대로 했다.
- 이 책에 나오는 날짜는 특별히 기재하지 않은 경우에는 모두 음력이다. (동학농민운동 관련 기록과 《전봉준 공초》에 기입된 연월일을 기준으로 작성)
- 《전봉준 공초》에 따르면 전봉준은 총 다섯 번의 공초를 겪었으나, 이 책의 목차에는 총 여섯 번의 공초가 명시되어 있다. 1895년 2월 19일 진행된 3차 공초에서 조선 관리와 일본 영사가 번갈아 가며 신문을 진행한 상황을 반영하여 공초를 둘로 나눴기 때문이다. 조선 관리가 신문하는 부분을 3차 공초로, 일본 영사가 신문하는 부분을 4차 공초로 묶었다.
- 공초 기록을 인용하면서 어려운 단어, 지금은 사라진 직책의 이름 등은 본뜻을 왜곡하지 않는 범위에서 이해하기 쉽도록 고쳐 썼다.
- 공초 기록 내에 등장하는 인물들의 이름을 하나의 이름으로 통일했다. 기록 속 최법헌은 최시형으로, 운현궁은 대원군으로 수정했다.

1894년 3월,
전라도 무장을 가득 메운 동학농민군.
그 수가 워낙 많아 앉으면 죽산竹山, 서면 백산白山이라.

이윽고 민중의 함성이 조선 팔도를 뒤흔드니,
1차 동학농민운동의 시작이었다.
그들의 선두에는 용맹한 녹두 장군, 전봉준이 있었다.

그러나 들불처럼 번져나가던 농민운동정신은
조선 정부와 일본 연합군의 총탄에 처참히 부서지고,
전봉준은 부하의 배신으로 즉각 체포되어
법무아문 재판정에서 다섯 번의 공초를 받는다.

재판정 입장 전 알아 두어야 할
네 가지 주의사항

첫 번째 주의사항

동학농민운동은 우리 겨레가 반드시 기억하고 그 정신을 이어받아야
할 소중한 역사다.

공식 명칭이 '동학농민운동'인 이 사건은 오늘날에도 '동학농민
운동', '동학운동', '갑오농민전쟁', '동학혁명' 등 다양하게 불리고
있다. 그만큼 운동의 성격이 복잡하기 때문이다.

동학농민운동이 공식적으로 언제 시작되었는지에 대해서는 여
러 의견이 있다. 1894년 1월, 전라도 고부古阜 군수 조병갑의 가혹
한 정치를 견디지 못한 농민들이 전봉준의 지휘 아래 관아를 습
격, 점령하고 조병갑을 몰아낸 때부터 시작되었다고 볼 수도 있
다. 이때 전봉준과 백성들은 고부 관아를 점령하고 불법으로 거둔
양곡 등을 백성들에게 다시 나누어 준 후 해산하였다.

그러나 정부에서 사태 수습을 위해 파견한 안핵사按覈使 이용태

가 문제를 일으킨다. 그는 사건에 가담한 농민들을 모두 동학으로 간주하여 체포하고, 집을 불태워 버렸으며, 당사자가 없으면 그의 가족들을 체포한 후 살육을 자행했다. 이에 전봉준은 창의문倡義文을 공포하여 농민군과 또다시 봉기하게 되니, 이때를 동학농민운동의 본격적인 시작으로 보기도 한다.

전라도 무장에서 봉기를 일으킨 동학농민군은 한달 만에 전라도 군사의 주요거점지인 전주성까지 점령한다. 당황한 조선 정부는 청나라에 지원을 요청하였고, 이를 빌미로 조선에 눈독을 들이고 있던 일본군까지 참전하면서 조선 땅은 강대국의 먹잇감으로 변모하게 된다.

이때부터 동학농민운동은 탐관오리를 제거하기 위한 운동에서 한걸음 나아가 조선 침략에 나선 일본군에 대한 저항, 그리고 반

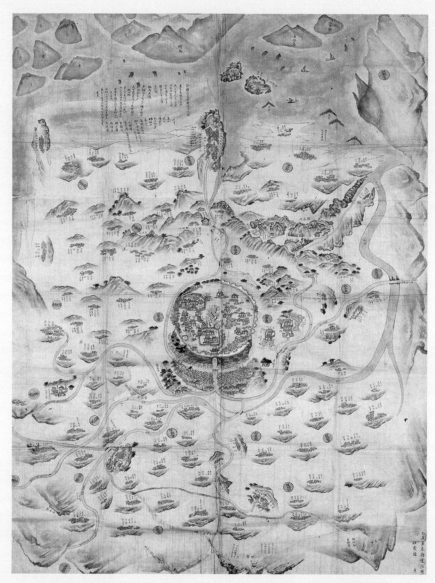

제1차 동학농민운동이 시작된 전라도 무장현을 그린 지도. 국립중앙박물관 소장.

침략·반봉건을 지향하며 외세와 집권층의 힘에 도전하는 개혁운동으로 확대된다.《한국민족문화대백과사전》 학계의 일각에서 부르는 '갑오농민전쟁'이라는 명칭은 이러한 농민군의 성격을 반영한다.

이렇게 1년 가까이 진행된 동학농민운동은 전라도 고부에서 시작했지만 전국적으로 확산되었으며, 결과적으로는 수만 명의 희생자를 내고 실패로 돌아갔다. 그러나 그들의 함성이 조선의 봉건제도를 무너뜨리는 데 큰 기여를 했으므로, 완전한 실패라고 단정 지을 수는 없다. 또한 여기서 촉발된, 부패하고 외세에 의존하던 지배층에 대한 저항 정신은 이후 항일의병운동, 3·1운동 등으로 이어져 민중이 하나로 뭉칠 수 있는 원동력이 되었다. 이렇듯 동학농민운동은 우리가 영원히 간직해야 할 민족의 소중한 역사다.

책을 읽다 보면 죽을 것을 뻔히 알면서도 재래식 무기를 든 채 현대식 무기로 무장한 일본군에 맞서 싸운 농민군의 모습을 생생히 확인할 수 있다. 우리 목숨이 귀한 만큼 그 시대를 살다 죽어간 조선 농민들의 목숨 또한 귀하다. 그런데도 그들은 왜 그렇게 목숨을 걸고 저항하였을지를 한번쯤 생각해 보는 것은 매우 값진 경험이 될 것이다.

두 번째 주의사항

이 책은 정확히는 전봉준 재판이 아니라 신문訊問 과정을 참관하는 것이다.

조선 시대에는 오늘날과 다르게 재판 대신 공초供招를 근거로 판결을 내렸다. 공초란 죄인의 범죄 사실을 신문하고 자백한 내용을 자세히 기록한 것이다. 따라서 전봉준은 재판을 받은 것이 아니라 신문을 받았을 뿐이다. 그리고 그 내용을 토대로 판결을 받았다.

그러므로 정확히 말하자면, 이 책은 전봉준 공초 기록과 판결문으로 이루어져 있다. 전봉준의 진술에는 동학농민운동 발발 당시의 국내 상황이나 농민운동의 진행 과정, 주요 인물들의 활약상이 자세히 나타나 있다.

세 번째 주의사항

이 책에 등장하는 날짜는 정확하지 않다.

이 책에 나오는 날짜는 정확하지 않다. 그 까닭은 여러 가지가 있는데, 첫 번째는 그 시대에 음력陰曆을 사용했기 때문이다. 그런데 후에 양력陽曆을 사용하기 시작하면서 날짜를 어느 자료에는 음력, 어느 자료에는 양력으로 기재함으로써 약간의 혼란이 야기되었다.

두 번째, 동학농민운동은 매우 급하게 진행되었다. 하루에도 여기저기서 전투가 벌어지고 하루 만에 성을 빼앗기도 하며 빼앗기기도 한다. 그러다 보니 정확한 기록을 남기기 어려웠을 것이다.

또 전투를 벌인 동학농민군은 편제를 제대로 갖춘 정규군이 아니어서 모든 기록을 정확히 남기기 힘들었을 것이다. 관군 역시 초기에는 동학농민군의 공격을 받아 도망치기에 급급해 정확한 기록을 남기지 못한 듯하다. 그래서 이곳저곳에서 벌어진 사건들의 날짜가 전해 오는 자료마다 약간씩 차이가 있다.

또 다른 까닭으로는, 전봉준의 신문 기록에 등장하는 날짜들이 과연 정확한가 하는 점이다. 전봉준은 신문을 받는 과정에서 몸을 가눌 수 없을 만큼 모진 고문을 당했다. 그래서 재판정에 갈 때는 걸어서 갈 수조차 없을 정도로 몸이 상한 상태였다. 또한 급박하게 이루어진 운동 과정을 정확히 기억하기란 불가능했을지 모른다.

마지막으로 전봉준은 신문을 받으면서 가능하면 자신을 제외한 관련자들에게 피해가 가지 않도록 거짓 증언을 자주 했다. 그러면서 모든 책임을 자신의 것으로 돌리려 끝까지 노력했다. 그 과정에서 증언이 번복되기도 했으며, 당연히 사건이 일어난 장소나 날짜 등도 부정확하게 말했을 가능성이 높다.

이런 까닭으로 동학농민운동과 관련한 사건과 전투 등의 날짜

가 자료마다 약간씩 차이가 나는 게 사실이다. 그러나 사건이 일
어난 날짜에 며칠씩 차이가 난다고 해서 본질적으로 문제가 있는
것은 아니다.

네 번째 주의사항

이 책에는 전봉준을 비롯한 동학농민운동의 주요 지도자와 주요 사건
자료가 담겨 있다.

이 책에는 전봉준, 손화중, 김개남, 최경선 등 동학농민운동을
이끈 주요 지도자들에 대한 자료와 동학농민운동의 시작에서 끝
에 이르는 전 과정이 담겨 있다. 반면에 동학농민운동에 대한 학
술적 판단은 담겨 있지 않다. 동학농민운동에 관한 학술적 판단이
나 주관적 판단 등을 배제한 채 사건의 내용만을 객관적으로 독자
여러분께 제공하고자 했기 때문이다.

이 책은 동학농민운동과 관련된 생생한 자료를 제공함으로써,
독자 여러분이 동학농민운동에 참전參戰한 느낌을 갖도록 구성하
였다. 그리하여 이 책을 읽어 나가면서 어느 대목에서는 피가 거
꾸로 솟는 기분을 갖게 될 것이며, 또 어느 대목에서는 절망감을
느낄 것이다. 분노에 휩싸여 스스로 무기를 들고 전쟁터에 나가고
싶을 때도 있을 것이다.

그러나 무엇보다 우리가 기억해야 할 것은 동학농민운동이라는

역사적 사건이 지나간 일도 아니요, 잊힌 역사도 아니라는 사실이다. 동학농민운동 과정에서 조선 백성들이 목숨을 걸고 지키고자 한 정의와 올바른 역사 의식, 그리고 우리 겨레의 완전한 자주 독립은 오늘날에도 마찬가지로 우리가 지켜야 할 소중한 가치이기 때문이다.

자, 그럼 100여 년 전 우리 조상 수만 명이 죽어 간 역사의 현장으로 들어가 보자. 옷깃을 단단히 여미고.

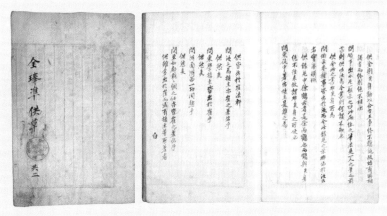

전봉준을 신문한 기록이 담긴 《전봉준 공초》.
왕실도서관 장서각 디지털 아카이브 제공.

첫 번째 공초

나는 왜 농민들의 선봉장이 되었나 019

두 번째 공초

나 전봉준, 난세를 뒤흔들다! 055

나는 왜
농민들의
선봉장이 되었나

첫 번째 공초

1895년 2월 9일

법무아문 관원의 신문으로 공초를 시작한다.

문 네 이름이 무엇이냐?

답 전봉준이다.

문 나이는 얼마나 되었는가?

답 마흔하나다.

문 어디에 살고 있는가?

답 전라도 태인 산외면 동쪽 계곡에 살고 있다.

문 무슨 일을 하고 있는가?

답 선비로 살아가고 있다.

문 오늘은 법무아문* 관원과 일본 영사*가 함께 심판하여 공정하게 처리할 것이니 정직하게 고하라.

답 하나하나 정직하게 고하겠다.

문 앞서 이미 분명히 밝혔다시피 동학 사건은 그에 속한 무리들에만 관련된 일이 아니다. 이 사건은 나라와 큰 관련을 맺고 있으니, 비록 아무리 높은 관직의 사람과 관계된 일이 있다 하더라도 피하지 말고 숨김없이 정직하게 고하라.

답 마땅히 가르침에 따라 했을 뿐, 애초

법무아문
1894년 갑오개혁으로 의정부 아래 설치된 여덟 개의 아문 중 법무 행정을 맡아보던 곳.

영사
외국에서 본국의 외교적 이익 도모와 자국민 보호를 담당하는 관리.

1900년대 한성부 관청. 재판소 겸 한성부 청사로 사용되었다.

부터 본심에서 나온 일이었으니 다른 사람과는 어떤 관계도 없다.

문   네가 전라도 동학의 우두머리라고 일컬어지는데 과연 그러한가?

답   그렇지 않다. 처음 의병을 일으킬 무렵 동학의 조직인 포包[*]를 중심으로 봉기하였을 뿐, 동학의 우두머리를 칭한 적은 없다.

문   그렇다면 너는 어디에서 무리를 모았느냐?

답   전주와 논산에서 의병을 모았다.

문   작년 3월 사이에 고부 등지에서 민중을 모두 모았다고 하는데, 어떤 사연이 있어 그러했는가?

답   그때 고부 군수는 정당한 금액 이외에 수만 냥을 가혹하게 거두어들였다. 이에 민심이 원한으로 가득 차게 되었고, 이로써 거사가 이루어졌던 것이다.

문   비록 탐관오리라고 하더라도 분명 명분을 내세운 후의 일이었을 터이니 상세히 말하라.

답   지금 그 세세한 항목을 끝까지 말하는 것은 불가하다. 그러므로 대략만을 고하겠다. 첫째, 민보民洑[*] 아래 백성들을 동원해 강제로 보를 쌓고, 수확량이 많은 논은 한 두락[*]에 두 말씩, 수확량이 적은

포
동학의 교구나 그 집회소를 이르던 말.

민보
논에 물을 대기 위하여 민간의 힘으로 둑을 쌓아 물을 가둔 곳. 여기서는 만석보를 가리킨다.

두락
논밭의 넓이를 나타내는 단위. 한 두락은 약 660제곱미터.

농민운동의 불씨가 된 만석보 사건과 고부농민봉기

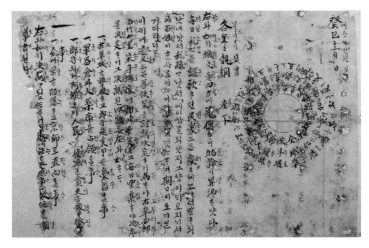

1893년 전봉준과 동학교도들이 모여 작성한 사발통문. 동학농민혁명기념재단 소장.

고부농민봉기는 1894년 1월 10일, 전라북도 고부 군수 조병갑의 무분별한 수탈과 폭정을 참지 못한 농민들이 전봉준을 필두로 모여 일으킨 사건이다.

전라북도 고부는 예로부터 넓고 비옥한 평야 덕분에 각종 자원이 풍부한 지역이었다. 조병갑은 이러한 고부의 풍족함을 탐내어 군수로 부임한 뒤 농민들에게 과도한 세금을 징수하고 누명을 씌워 벌금을 물게 하는 등의 행패를 일삼았다. 이에 전봉준 등 50여 명이 관아에 여러 차례 소를 제기했으나 아무 소용이 없었다.

조병갑의 만행 가운데 농민들의 불만이 폭발하게 된 결정적 계기는 바로 '만석보 사건'이다. 당시 고부에는 심한 가뭄에도 물이 마르지 않아 쌀 만석을 수확할 수 있다는 뜻을 가진 농사용 저수지 '만석보萬石洑'가 있었다. 그런데 조병갑은 농민들이 잘

사용하고 있던 만석보 아래 새롭게 둑을 쌓으라는 명령을 내린다. 그는 이 과정에서

농민들에게 무보수 강제 노역을 시키고, 보를 완성한 다음에는 물을 사용하는 농민

들에게 수세라는 명목으로 높은 세금을 걷는 등 착취를 일삼았다. 피해는 이뿐만이

아니었다. 불필요한 보를 지은 탓에 비가 오면 물이 넘쳐 논에 홍수가 나기 일쑤였

기 때문이다. 이에 농민들은 더 이상 참지 못하고 민란을 일으키게 된 것이다.

봉기를 결심한 농민들은 먼저 송두호宋斗浩의 집에 모여 밥그릇을 엎어 놓고 사발

통문을 작성하였다. 사발통문이란 일의 주동자가 누군지 드러나지 않게 원을 중심

으로 참가자들의 이름을 적은 문서를 말한다. 그들은 이 통문을 작성하며 고부성을

격파하고 조병갑 등의 탐관오리들을 일벌백계하자고 다짐하였다.

마침내 1894년 1월 10일, 말목장터에 모인 1000여 명의 농민군은 전봉준과 함께

고부 관아를 습격하였다. 농민군은

관아를 점령하여 무기를 빼앗고,

억울하게 옥에 갇힌 죄수들을 풀어

주었으며, 조병갑이 불법으로 약탈

한 세금과 곡식을 나눠 가졌다. 그

리고 만석보 아래 증축했던 둑을

무너뜨렸다.

이 사실을 알게 된 정부는 조병갑

의 직위를 박탈하고, 박원명朴源明

을 고부 군수로 임명함과 동시에

전라북도 정읍시에 위치한 만석보 기
념비.

고부 농민들이 모여 투쟁을 시작했던 말목장터 감나무 앞. 현재 감나무는 태풍으로 뿌리가 부러져 동학농민혁명기념관에서 보관하고 있다.

안핵사按覈史 이용태李容泰를 파견하여 민란을 수습하게 하였다. 그러나 승리의 기쁨도 잠시, 고부로 온 이용태는 봉기의 배후를 조사한다는 명목으로 농민들을 강제로 체포하고 재산을 빼앗는 등의 악행을 저질러 본격적인 투쟁의 불씨를 제공한다.

논은 한 두락에 한 말씩 세를 거두었다. 거둔 곡식을 모두 합치니 700여 석*이나 되었다. 또 버려두어 거칠기 그지없는 땅을 백성들에게 경작하도록 허가한 후 관가에서 문서를 주며 세금을 거두지 않겠다고 하더니, 추수 때에 가서 강제로 거두었다.

둘째, 부유한 백성들에게서 엽전 2만 냥 이상을 강제로 수탈하였다.

셋째, 그의 부친이 일찍이 태인 군수를 지냈는데, 그 부친의 비각을 건립한다고 1000냥 이상을 수탈하였다.

넷째, 백성들에게서 정백미精白米* 16말을 대동미*로 걷었으면서, 상납할 때는 형편없는 추미麤米*로 바꿔서 바치고 남은 정백미는 군수가 취했다.

이 외에도 허다한 일들이 있었으나, 너무 많아서 지금 다 말하는 게 불가능할 정도다.

문 지금 고한 내용 가운데 강제로 빼앗은 2만여 냥은 어떤 명목으로 그리한 것인가?

답 부모에게 불효하고 형제와 화목하지 않다는 죄, 음탕한 행위

석
주로 곡식 따위의 부피를 잴 때 쓴 단위. 한 석은 한 말의 열 배로, 약180리터.

정백미
더 이상 손댈 필요가 없을 만큼 깨끗하게 껍질을 슗은 흰쌀.

대동미
대동법이라는 제도에 따라 정부에 세금으로 바치는 쌀.

추미
잘 슗지 않아 거칠고 궂은 쌀.

를 일삼고 노름을 했다는 등의 죄를 뒤집어씌운 후 그리하였다.

문 이와 같은 일들은 한 곳에서만 행해졌는가, 아니면 여러 곳에서 행했는가?

답 한 곳이 아니라 수십 곳에서 이런 일을 저질렀다.

문 그렇다면 혹시 누명을 쓴 사람들 중에 이름을 아는 자가 있는가?

답 지금은 그 이름을 기억해 낼 수 없다.

문 고부 군수는 또 어떤 일을 행했는가?

답 지금 진술한 일은 모두 백성들을 상대로 포악하게 탐욕을 부린 내용이다. 그 외에도 둑을 쌓을 때 다른 산에서 수백 년 된 나무들을 마구 베었으며, 둑 쌓는 일에 동원된 백성들에게 단 일전도 지급하지 않고 일만 강제로 시켰다.

문 고부 군수의 이름이 무엇이냐?

답 조병갑趙秉甲이다.

문 이와 같은 포악과 탐욕을 부린 일이 단지 고부 군수만의 일이었느냐? 하급 관리들이 농간을 부린 것일 수도 있지 않느냐?

답 고부 군수가 독단적으로 행하였다.

문 그대는 태인에서 머물며 살고 있었는데, 어찌하여 고부 땅에서 봉기했는가?

답 태인에서 살다가 고부로 이사와 머무른 지 몇 년이 되었다.

문 그렇다면 고부에 그대의 집이 있는가?

답 지금은 불에 타 잿더미가 되어 버렸다.

문 그대는 그 무렵 강제 징수로 인한 피해를 입지 않았는가?

답 나는 피해가 없었다.

문 그 지역 백성들이 모두 강제 수탈로 인해 피해를 입었는데, 어찌 그대만 피해를 입지 않았단 말인가?

답 공부를 하며 산 까닭에 이른바 논밭이라고 할 만한 땅이 고작 세 두락밖에 없었기 때문이다.[*]

문 그대 가족은 몇이나 되는가?

답 가족은 모두 여섯 명이다.

문 그 지역 백성들 모두가 강제 수탈로 인해 피해를 보았는데, 그대만 홀로 피해가 없었다고 하니 참으로 의혹이 깊다.

답 내 한 몸은 아침에는 밥을 먹고 저녁에는 죽을 먹을 정도인데, 어찌 내게서 빼앗아 갈 것이 있겠는가?

문 고부 군수가 부임한 것이 몇 년 몇 월인가?

답 재작년 동지에서 섣달 무렵이다.^{**}

✖
이 정도 크기의 논에서는 쌀 열 가마를 수확할 수 있는데, 당시 농경 기술 수준과 생산한 쌀의 절반 이상을 세금으로 내는 상황을 고려했을 때 남는 게 거의 없었을 것이다.

✖✖
조병갑은 1892년 4월에 고부 군수로 부임하였다. 이 책에 등장하는 날짜는 대부분 음력이기 때문에 정확하지 않다.

문 언제부터 학정을 일삼았는가?

답 처음부터 그랬다.

문 그렇다면 왜 즉시 들고 일어나지 않았는가?

답 그곳에 사는 백성들이 참고 또 참으며 견디다가 어쩔 수 없이 봉기한 것이다.

문 그대는 아무 피해도 없었는데 어찌 일어났는가?

답 내 한 몸의 피해를 위해 일어난다면 어찌 사내의 일이라 하겠는가? 많은 백성들이 원통함을 호소하는 까닭에 백성들을 위하여 해를 제거하고자 한 것이다.

문 거사할 때 그대는 어찌하여 주모자가 되었는가?

답 백성들이 모두 나를 추대하였으므로 그들의 말을 따른 것뿐이다.

문 백성들이 그대를 주모자로 삼을 때 그대 집에 왔던가?

답 수천 명이 내 집 근처에 모두 모였기에 자연스럽게 그 일을 하게 되었다.

문 수천 명이 어찌하여 그대를 주모자로 추대하였는가?

답 비록 수천 명에 이르렀으나, 각기 아무것도 모르면서 그저 봉기한 농민들에 불과했다. 반면에 나는 문자라도 읽을 수 있었기 때문이다.

문 그대는 고부에 거주할 때 동학을 가르치지 않았는가?

답 훈도訓導로서 아이들을 깨우쳐 주는 일에 관여한 적은 있으나, 동학을 가르치지는 않았다.[*]

문 고부 지역에는 동학이 없었는가?

답 다른 지역과 마찬가지로 동학이 있었다.

문 고부에서 궐기할 때 동학교도가 많았는가, 원통해 일어난 일반 백성이 많았는가?

답 처음 봉기할 때 일반 백성과 동학교도가 함께했다고는 하나 동학교도는 적었고, 원통한 일을 참지 못한 일반 백성이 더 많았다.[**]

문 봉기한 후에는 어떤 일을 했는가?

답 거친 땅을 경작한 농민들에게 강제로 거두어들인 세금을 돌려주고 관아에서 쌓은 보를 허물어뜨렸다.

문 그때가 언제인가?

답 작년 3월 초다.

문 그 후에는 또 어떤 일을 했는가?

답 모두 뿔뿔이 흩어졌다.

문 그러다 어떤 일을 계기로 다시 봉기했는가?

답 그 후 장흥 부사 이용태李容泰가 안

[*] 이로 비추어 볼 때 전봉준은 처음부터 동학교도는 아니었던 듯하다.

[**] 고부봉기에 참가한 사람들은 백성이 다수였고, 그들을 주도한 세력이 아마 동학교도였을 것이다. 이는 사발통문에 등장하는 인물들 중 동학교도가 다수인 것을 보면 알 수 있다.

아버지에게 물려받은
저항 정신

전라북도 정읍시 이평면에 위치한 전봉준 생가. 불에 타 사라졌던 집을 복원해 놓았다.

1893년 봄, 전봉준의 아버지 전창혁이 세상을 떠났다. 그의 아버지를 죽게 한 자는 고부 군수 조병갑이었다. 전봉준과 조병갑의 악연은 이때부터 시작되었다.

오늘날 남아 있는 전창혁에 관한 기록은 거의 없다. 아들이 역적으로 낙인 찍혔던지라 후대가 모두 떼죽음을 당한 탓이다. 마을 사람들의 증언에 의하면 그는 마을에서 훈장 노릇을 하면서 입에 겨우 풀칠이나 하는 수준이었다고 한다. 《전봉준 공초》에서 드러나듯이 전씨 가족은 낮에는 밥을 먹고, 밤에는 죽을 끓여 먹을 만큼 가난했다. 가족을 데리고 이 마을 저 마을로 떠돌던 농촌 지식인 전창혁은 그의 마지막 정착지, 전라도 고

부에 도착한다. 여기서 아버지의 일을 물려받은 전봉준은 아이들에게 글을 가르쳐 생

계를 이어갔다.

전창혁과 조병갑의 관계에 대한 기록 역시 남아 있는 게 없다. 동네 주민들의 증언 등

에서 비롯된 여러 가지 설이 있을 뿐이다. 다만 주목해야 할 것은 수많은 설이 공통적

으로 '전창혁이 관아에서 조병갑의 매를 맞아 죽었다'라고 말한다는 점이다. 이러한 설

을 바탕으로 보았을 때, 조병갑의 모진 수탈을 견디다 못한 전창혁이 관아에 여러 번

소를 올렸고, 화가 난 조병갑이 심한 매질을 가했을 거라는 추측이 가능하다.

탐관오리의 폭정으로 아버지를 잃은 전봉준은 나라의 부패를 피부로 절감했으리라.

아마 그 억울한 기억이 1894년 1월, 전봉준을 일어날 수 있게 한 원동력이 되지 않았

을까.

핵사按覈使*로 우리 읍으로 들어와 봉기한 백성들 모두를 동학으로 칭하며 이름을 열거한 후 체포하고 그 집들을 불태워 잿더미로 만들었으며, 당사자가 없으면 그의 처자를 체포한 후 살육을 자행하였으므로 다시 봉기하였다.

문 그런 즉 그대는 처음에 1차로 관아에 소장을 제출하였는가?

답 처음에는 40여 명이 소를 제기하였으나 체포되어 옥에 갇혔고, 다시 소를 제기한 60여 명은 즉시 쫓겨났다.

문 소를 제기한 것은 언제인가?

답 첫 번째 소는 1893년 11월이고, 두 번째 소는 그해 12월에 제기하였다.

문 다시 봉기한 것은 안핵사 때문이었다고 했는데, 그때도 그대가 주모하였는가?

답 그렇다.

문 다시 봉기한 후에는 어떤 일을 행하였는가?

답 영문營門*의 군사 만여 명이 고부 백성들을 무참히 살해하려고 했기 때문에 어쩔 수 없이 전투를 벌이게 되었다.

문 어디서 전투를 벌였는가?

답 고부 땅에서 전투를 벌였다.

문 군수품과 군량은 어디서 구했는가?

안핵사
지방에 어떤 일이 일어났을 때 그 일의 조사를 위해 파견한 임시 벼슬.

영문
각 도道의 관찰사(도지사)가 업무를 맡아보던 관아. 감영이라고도 함.

답 모두 백성들이 조달해 주었다.

문 고부의 무기고에 보관되어 있던 군사 물품을 탈취하지는 않았는가?

답 그때는 탈취하지 않았다.

문 그 전투 역시 그대가 주모하였는가?

답 그렇다.

문 그 후 고부에 오랫동안 머물렀는가?

답 그 전에 전라도 장성長城에 갔다.

문 장성에서도 전투를 벌였는가?

답 그곳에서는 경군京軍*과 전투를 벌였다.

문 경군과 전투를 벌일 때 누가 이기고 누가 졌는가?

답 우리 군사가 식사를 하고 있을 때 경군이 대포를 쏘아 우리 군사 40~50명이 사망했다. 이에 아군이 일제히 경군을 추격하며 몰아내자 경군은 패하여 도망가고 말았다. 이때 우리 동지들이 대포 두 대와 약간의 탄환을 탈취하였다.

문 그때 양 군사의 수는 각기 얼마나 되었는가?

답 경군은 700여 명, 우리 군사는 4000여 명이었다.

문 그때 장성에서 무슨 일을 하였는가?

답 경군이 패해 도망친 후, 우리 군사는 발걸음을 빨리하여 경군보다 먼저 전주성에 들어갔다.

경군
각 영문에 소속되어 임금의 호위를 맡은 군사.

농민군을 이끌어 갈
세 지도자의 탄생

전봉준.

김개남.

손화중.

1894년 3월 20일, 안핵사의 행패를 참지 못하고 전라도 무장에 모인 동학농민군은 다시 힘을 합쳐 불의에 맞서기로 결심한다. 이때 흰옷을 입고 죽창을 든 농민군의 수가 워낙 많아서 "앉으면 죽산竹山, 서면 백산白山"*이라는 말이 나올 정도였다. 그리고 바로 이 자리에서 앞으로 펼쳐질 험난한 투쟁을 이끌어 갈 세 명의 지도자가 탄생한다.

작고 다부진 체구가 꼭 녹두를 닮아 녹두 장군이라는 별명이 붙은 전봉준全琫準(1855~1895)은 농민들의 염원을 전무후무한 투쟁으로 이끌어 낸 탁월한 지도자였다. 그는 동학의 평등사상을 내세워 농민들의 인간다운 삶을 보장하고, 반외세를 주장하며 일본의 손아귀

*
농민군들이 앉으면 들고 있던 죽창만 보여 대나무 산이 되고, 일어서면 입고 있던 흰 옷 때문에 산이 온통 하얗게 되었다는 표현이다.

에 놓인 조선을 구하고자 했다.

김개남金開男(1853~1895)은 1892년 삼례에서 열린
동학 운동에서 활약, 널리 이름을 떨치게 되어 동학
지도자의 위치에 오른다. 타고난 기질이 불꽃같은 그
는 농민운동 당시 부패 관리들을 가차 없이 응징하는 강경파 장군이었다.

기포
동학농민운동 당시 농민
등이 동학의 조직인 포를
중심으로 봉기한 일.

전봉준의 절친한 벗 손화중孫華仲(1861~1895)은 전라도 무장 출신으로, 지주의 아들로
태어나 부유한 환경에서 글을 익힌 총명한 인재였다. 손화중의 어진 인품과 전봉준을 능
가하는 지도력은 이후 농민군을 대규모로 움직일 때 큰 위력을 발휘하였다.

이후 무장에서 기포起包*한 동학농민군은 빠르게 고부성을 점령하고, 백산에서 전열을
가다듬으며 '4대 강령'을 발표한다. 이때 등장한 '보국안민輔國安民', '제폭구민除暴救民'
의 정신은 동학농민군을 하나로 모으는 핵심 강령이 된다.

다음은 세 지도자가 백성을 향해 외친 창의문倡義文의 내용이다.

세상에서 사람을 귀하게 여김은 인륜人倫이 있기 때문이며, 군신君臣
과 부자父子는 인륜 가운데 가장 큰 것이라. 임금이 어질고 신하가 곧
으며 아비가 사랑하고 자식이 효도한 후에야 비로소 국가를 이루어
능히 무궁한 복을 누리게 되는 것이다. (…)

그러나 지금의 신하 된 자들은 나라에 보답할 생각은 하지 않고 한
갓 봉록俸祿과 지위만을 도둑질해 차지한 채 임금의 총명을 가릴 뿐
이라. (…) 안으로는 나라를 돕는 인재가 없고 밖으로는 백성에게 가

혹한 관리가 많다. 백성들의 마음은 날로 변하여 안으로는 즐거운 삶이 없고 밖으로는 한 몸 지킬 방책조차 없다. 포악한 정치는 날로 심해져 원성이 그치지 아니하여 군신의 의리와 부자의 윤리와 상하의 직분마저 무너져 남은 것이 하나도 없다.

(…) 국가 관리들은 모두 국가의 위태로움은 생각지도 않고 오직 제 몸 살찌우고 제 집 윤택하게 하는 계책만 펼치니, 사람을 선발하는 것을 재물이 생기는 길로 여기고, 과거 보는 곳을 장사하는 저잣거리로 만들었다. 허다한 뇌물은 나라의 창고에 납부하지 않고 오히려 자신들의 저장고에 넣고 있으니, 나라의 빚은 쌓여만 가는데도 이를 갚을 생각 따위는 하지 않고 교만과 사치, 음란을 즐기면서도 두려워하거나 거리낌이 없다. 그런 까닭에 온 나라가 결딴이 나고 만민은 도탄에 빠지고 말았다. 수령들의 탐학에 거리낌이 없으니 어찌 백성이 곤궁하지 않겠는가!

백성은 나라의 근본이니, 근본을 해치면 나라는 필연적으로 쇠잔해지는 것이다. 나라를 돕고 백성을 평안케 할 방책은 생각하지 않고 오직 제 몸을 온전히 보전할 계책만 내며 나라의 녹봉과 벼슬을 도둑질하고 있으니 어찌 이치에 맞는 일이겠는가.

우리는 비록 초야에 버려진 백성에 불과하나 임금의 땅에서 먹고 임금의 옷을 입고 사는 몸이니, 어찌 나라의 위기를 앉아 보고만 있겠는가. 온 나라가 마음을 모으고 수많은 백성이 의논한 후 정의의 깃발을

들어 보국안민을 위해 죽음의 맹세를 하노
니, 오늘의 광경이 비록 놀랍다 해도 결코
두려워하거나 흔들리지 말고 각자 맡은 일
을 평안케 하며 함께 바른 세상으로 올라가
해와 달에 빌어 모두 임금의 가르침에 감화
된다면 천만다행이겠노라.

✳
포고문을 발표한 날짜는
동학농민운동 관련 기록
마다 차이가 있으나, 대부
분 3월 20일 무장기포 당
시로 보고 있다.

갑오년 3월 20일✳

전봉준
손화중
김개남

문 그때 전주성에 감사監司*는 없었는가?

답 감사는 우리 군사가 들어오는 것을 보고는 도망쳤다.

문 성을 지킨 후 무엇을 하였는가?

답 그 후 뒤따라온 경군이 완산 용두현에 진을 치고 성안을 대포로 공격하여 경기전이 훼손되고 말았다. 이러한 상황을 경군에게 알리자, 경영京營*에서 효유문曉喩文*을 작성해 말하기를 "너희가 원하는 대로 따르겠다"라고 하므로 감격하여 해산하였다.

문 그 후에는 어떻게 하였는가?

답 그 후에는 각기 자기 집으로 돌아가 농사에 힘썼다. 다만 나머지 순박하지 않은 무리는 백성들을 약탈하기도 하였다.

문 순박하지 않은 약탈꾼들은 그대와 아무런 관계가 없는가?

답 관계가 없다.

문 그 후 다시 시행한 일은 없는가?

답 그 후 들은즉, 귀국貴國* 일본이 개화를 한다며 백성들에게 일언반구 말도 전하지 않고 또 격문도 돌리지 않은 채 갑자기 도성에 군대를 파견해 밤중에 궁궐을 공격하여 파괴하자 주상께서 당황

감사
각 도의 으뜸 벼슬로, 경찰권·사법권·징세권 따위의 행정에서 절대적인 권한을 가진다. 관찰사라고도 함.

경영
서울의 군대가 주둔하던 훈련도감·금위영·어영청·총융청·용호영·수어청을 통틀어 이르는 말.

효유문
어떤 사람을 알아듣게 타이르는 글.

귀국
상대편 나라를 높여 부르는 말.

전라북도 전주시 완산구에 위치한 전주성. 1890년대 당시 전주성은 전라도에서 매우
중요한 군사적 요충지였다.

태조 이성계의 어진을 봉안한 경기전.

동학농민군, 조선 정부와 손을 잡다! 전주화약과 폐정개혁안

고부농민봉기 이후 안핵사 이용태의 만행으로 다시 봉기한 동학농민군은 고부 황

토현 전투에서 첫 승리를 거두고, 그 기세를 몰아 장성 황룡강 전투에서도 연달아

승전보를 울린다. 패배한 관군들이 혼비백산하여 도망치자, 전봉준은 군사를 이끌

고 전라도의 핵심 요충지인 전주성으로 진격, 점령에 성공한다. 이에 사태의 심각

성을 느낀 정부는 청나라에 도움을 요청한다.

이 사실을 알게 된 전봉준은 외세의 개입을 막기 위해 정부와 뜻을 모아 전주화약

을 체결한다. 농민군은 화약을 맺으며 정부 측에 부패한 양반과 탐관오리 처벌, 부

전라남도 장성군에 위치한 동학혁명승전기념공원의 황룡 전적지 기념 동상. 당시
농민들이 죽창과 장태를 어떤 방식으로 사용했는지를 잘 보여 주고 있다.

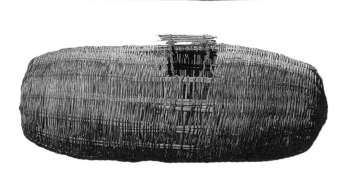

농민군들이 주요 무기로 사용했던 죽창과 장태. 대나무 등으로 엮어 만든 장태는 본래 닭장의 기능을 하던 도구였는데, 농민군들은 이것을 전투 시 방패로 사용하였다. 죽창(위)은 전쟁기념관, 장태(아래)는 전주박물관 소장.

당한 세금 제도 폐지 등의 내용이 담긴 폐정개혁안을 제시한다.

정부는 그 제안을 받아들이고, 농민과 함께 잘못된 제도를 개선하기 위해 노력할 것을 약속한다. 군대를 해산시킨 농민들은 농민 자치기구인 집강소를 설치한 후 폐정개혁안을 지침으로 삼아 황폐해진 마을을 가꾸려 노력한다.

폐정개혁안 12개조의 내용은 아래와 같다.

---

1. 동학교도와 정부 사이의 오래된 혐오감을 씻어 내고 서민을 위한 정사에 협력할 일.

2. 탐관오리는 그 죄목을 조사하여 알아낸 후 엄히 징계할 일.

3. 횡포한 부호 무리는 엄히 징계할 일.

4. 불량한 유림儒林과 양반 무리의 못된 버릇을 징계할 일.

5. 노비 문서는 태워버릴 일.

6. 일곱 가지 천인*의 대우는 개선하고, 백정 머리에 쓰는 패랭이는 벗도록 할 일.

7. 청춘과부의 개가를 허락할 일.

8. 명칭도 없는 온갖 세금은 모두 없앨 일.

9. 관리 채용은 지체와 문벌을 타파하고 인재를 등용할 일.

10. 왜적과 간통하는 자는 엄히 징계할 일.

11. 공채와 사채를 막론하고 기존의 빚은 모두 없앨 일.

12. 토지는 균등하게 나누어 경작하게 할 일.

천인
가장 낮은 신분의 사람. 노비, 기생, 상여꾼, 무당, 백정 등을 가리킨다.

조선 시대, 백정이나 역졸, 보부상처럼 신분이 낮은 사람이 쓰던 갓. 관동대학교 박물관 소장.

하여 어쩔 줄 몰랐다는 말이 들려왔다.
그러므로 초야에서 머물던 선비와 백성

들은 임금에게 충성하고 나라를 사랑하

는 마음에 분을 이기지 못하여 의병을 규합하여 일본인들과 전투

를 벌여 우선 이 사실에 대해 의문 가는 내용을 듣고자 하였다.

문　그 후에는 또 어떤 일을 벌였는가?

답　그 후 곰곰이 생각해 보니 공주 감영은 산이 가로막고 강이

두르고 있어 지형이 뛰어나기 때문에 이곳에 웅거하여 튼튼히 지

키고 있다면 일본군이 결코 쉽게 공격해 올 수 없다고 여겼다. 그

리하여 공주로 진입한 후 일본군과 서로 대치하고자 하였다.

　　그런데 일본군이 먼저 공주에 들어가 근거지를 확보하였으므

로, 양군이 곧바로 싸울 수밖에 없는 형세가 되어 있었다. 그리하여

두 번의 접전을 치렀는데, 첫 번째 전투가 끝난 뒤 남은 군사를 헤

아려 보니 만여 명의 군사 가운데 3000여 명이 남아 있었다. 그 뒤

두 번째 전투✖를 치른 후 헤아려 보니 500여 명이 남았을 뿐이었

다. 이에 잠시 후퇴하여 금구에 이르러 다시 군사를 모집한즉, 수

는 조금씩 증가했으나 기율이 형편없어 다시 전투를 치르기가 극

히 어려웠다. 그런데 일본 군사가 계속해서 뒤를 쫓았으므로 우리

군사들이 완전히 패배한 채 뿔뿔이 흩어지고 말았다.

　　금구에서 흩어진 후, 나는 한양의 속사정을 상세히 알고 싶

공주 우금치에서 벌어진
마지막 사투

1894년 9월 전라도 삼례에서 시작된 동학군의 2차 봉기는 그해 11월 8일 벌어진 전투를 끝으로 아쉽게 막을 내린다. 그들의 마지막 저항, 우금치 전투는 동학농민운동의 행보를 통틀어 가장 큰 규모였다.

1차 고부농민봉기가 부패 관리 타도를 외치는 반봉건적 성격이 강했다면, 2차 우금치 전투는 조선 정부를 유린하고 청일전쟁을 벌인 일본을 쫓아내기 위한 반외세적 성격이 강했다. 조선만의 자주적 개혁을 꿈꾼 농민군에게 일본은 그저 걸림돌에 불과했기 때문이다.

나라를 지키고자 다시 죽창을 든 전봉준은 자신의 직속 농민군 1만여 명을 이끌고 공주로 향한다. 그들의 최종 목표는 서울로 진군하여 일본군이 포위한 고종과 경복궁을 구하고, 조선 땅에서 외세를 몰아내는 것이었다.

그러나 농민군은 10월 23일 1차 접전, 11월 8일 2차 접전에서 모두 패배하며 수많은 사상자를 낸다. 전봉준의 뒤를 따르던 손화중의 군대와 충청도 청주를 공략하려던 김개남의 군대 역시 마찬가지로 대패하고 만다. 전국적으로 위세를 떨치던 동학농민군이 순식간에 무너진 이유는 무엇일까?

패퇴의 결정적 원인은 무기의 차이였다. 황토현 전투, 황룡강 전투에서 동학군이 대승을 거둔 이유는 조선 관군의 수가 적고 실력이 미숙했기 때문이다. 그러나 일본의 근대식 군대가 본격적으로 진압에 나서면서 상황은 역전된다. 동학농민군의 수는 관군과

일본군의 수를 합친 것보다 훨씬 많았지만, 구식 화승

총 몇 자루와 죽창으로는 일본군이 보유한 영국제 기

관총의 위력을 당해 낼 수 없었다.

이러한 상황을 직시하게 된 전봉준은 더 이상의 공격

은 무의미함을 깨닫고 농민군을 해산시킨다. 그리고

후일을 도모하기 위해 순창에 은신한다.

다음은 동학농민운동 진압 당시 각지를 순회하며 농민

군 진압에 앞장서는 역할을 수행한 순무선봉장巡撫先鋒將 이규태李圭泰가 농민군 진압 경

과를 일별로 작성한 《선봉진일기先鋒陣日記》에 수록된 전봉준 체포와 관련된 기록이다.

감결

상급 관아에서 하급 관아로 내리는 공문.

비류

무기를 가지고 떼를 지어 다니면서 사람을 해치거나 재물을 빼앗는 무리. 비도라고도 한다.

1894년 12월 초5일, 호남 각 읍에 감결甘結*을 보냄.

비류匪類*들이 지금은 이미 흩어져 진을 치고 모인 곳이 어디에도 없

으나, 우두머리는 반드시 시골 마을에 숨어 있을 것이다. 특별히 각

면과 마을 및 바닷가 등에 흩어져 숨어 있는 자는 한결같이 체포해야

할 것이다. 이름이 알려져 있는 우두머리와 곳곳에서 행패를 부린 접

주들은 분명히 성명을 바꾸었을 것이다. 비록 위협을 당해 가담한 자

라 해도 엄하게 조사하여 정보를 얻어 내도록 하고, 철저히 가둔 후

보고할 것이며, 감결이 도착한 일시와 집행한 상태를 속히 보고하라.

사격 중인 일본군. 당시 일본군의 화력은 동학농민군의 수준을 훨씬 앞섰다.

일본군이 사용한 개틀링 기관총. 총신이 회전하면서 총탄을 연속해서 쏠 수 있었다. 동학농민혁명기념재단 소장.

일본군의 무라다 소총과 동학농민군의 화승총. 농민군 가운데 극히 일부가 사용한 유일한 신식 무기인 화승총은 심지에 불을 붙여 사용하며, 사정거리는 약 100보 정도였다. 반면 무라다 소총은 불을 붙일 필요 없이 방아쇠를 당길 수 있었고, 사정거리는 화승총의 다섯 배였다. 전쟁기념관 소장.

어 상경하려다 순창에서 민병에게 붙잡
히고 말았다.

문 전주에 들어가 군사를 모집할 때 전
라도 백성들만 모았는가?

답 여러 도에서 온 백성들이 조금 더 많았다.

문 공주로 향했을 때 역시 다른 도에서 모인 백성들이 조금 더
많았는가?

답 그때도 마찬가지였다.

문 다시 군사를 모집할 때는 어떤 방식으로 규합하였는가?

답 군사를 모집할 때는 충의忠義의 선비로서 창의倡義의 뜻을
방문榜文으로 내걸었다.

문 군사를 모집할 때 스스로 원하는 자들만 규합했는가, 아니면
강제로 몰아넣었는가?

답 내가 직접 통솔한 4000명은 모두 자원한 자들인데, 그 외에
각 지역에서 통문으로 뜻을 알릴 때는 '만일 이 거사에 불응하는
자는 불충무도不忠無道한 자'라는 내용을 담았다.

문 작년 3월 고부에서 봉기한 다음 전주로 향하는 동안 몇 개
읍을 거쳐 갔는가? 또 그동안 몇 차례 전투를 벌였는가?

답 무장에서 고부, 태인, 금구를 거쳐 전주에 도달하려고 했으
나, 관영병官營兵* 만여 명이 내려온다는 소식을 듣고 부안으로 갔

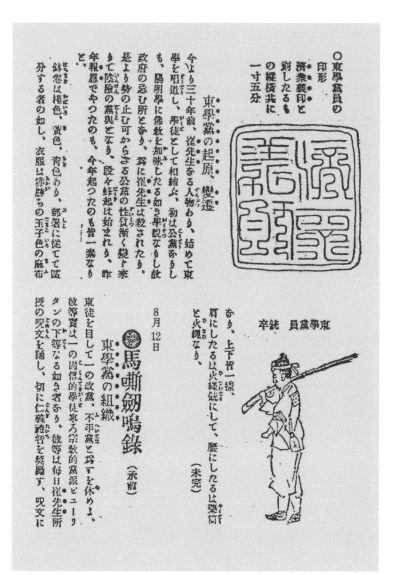

○東學黨員の印形

濟衆義印と刻したるもの縱橫共に一寸五分

東學黨の起原、變遷

今より三十年前、崔先生なる人物あり、始めて東學を唱道し、學徒として相結ぶ、初は公然ならしも、陽明學に佛教を加味したるが如き學說なしし故政府の忌む所となり、爲に崔先生は殺されたり、是より勢の止む可からざる公憤の性欲漸く發し來りて陰險の黨與となり、段々蜂起は始まれり、昨年報恩でやつたのも、今年起つたのも皆一漱なりと、

8月12日

鉢怨は樺色、黃色、靑色あり、部器に從てて區分する者の如し、衣服は赤脛らの玉子色の麻布

ⓔ馬嘶劍鳴錄（承前）

東學黨の組織

東徒を目して一の政黨、不平黨と爲すを休めよ、彼等寶は一の囧信的學徒異方宗教的黨派ピューリタンの下等なる如き者あり、彼等は每日崔先生所授の呪文を誦し、切に仁義禮智を錬鋼す、呪文に

卒銃 員黨學東

あり、肩にしたるは火繩銃にして、腰にしたるは樂筒と火繩なり、上下皆一樣、

（未完）

양력 1894년 8월 11일 자 일본《이륙신보》에 실린 동학농민군 관련 기사. 화승총을 멘 동학농민군의 모습과 그들이 사용한 도장을 그린 삽화가 함께 실려 있다. 동학농민혁명 기념재단 제공.

다. 그 후 다시 고부로 돌아와 관영군과 전투를 벌였다.

문 그 다음에는 어디로 향했는가?

답 정읍에서 출발해 고창, 무장, 함평을 거쳐 장성에서 서울에서 온 군사와 전투를 벌였다.

문 전주에 들어간 것은 언제이고, 해산한 것은 언제인가?

답 작년 4월 26, 27일 사이에 전주에 들어갔고, 5월 5, 6일 사이에 해산하였다.

문 다시 봉기할 때는 어디에서 시작하였는가?

답 전주에서 시작하였다.

문 다시 봉기할 때 모은 병사의 숫자는 얼마나 되었는가?

답 4000여 명이었다.

문 공주에 닿을 무렵에는 몇 명이나 되었는가?

답 만여 명에 이르렀다.

문 공주에서는 언제 전투를 벌였는가?

답 지난해 10월 23, 24일 양일간이었다.

문 애초에 고부에서 봉기할 때 함께 공모한 자들은 누구였는가?

답 손화중과 최경선崔景善 같은 사람들이었다.

문 또 다른 사람은 없었는가?

답 세 명 외에 여러 사람이 참여해 그 수를 헤아릴 수 없다.

문 4000명의 군사를 모을 때 세 사람만 참여한 것이 아닐 터이니, 나머지 공모자들에 대해서도 자세히 고하라.

답　별로 중요하지 않은 사람들을 말하는 것이 무슨 의미가 있겠는가?

문　작년 10월 봉기할 때는 공모한 자가 없었는가?

답　나 외에 손여옥孫汝玉과 조준구趙駿九 등이 전부였다.

문　손화중과 최경선은 그 무렵에는 아무 관련이 없었는가?

답　두 사람은 광주의 일이 긴급했기 때문에 미처 오지 못했다.

문　손화중과 최경선, 두 사람은 광주에 머물면서 무슨 일을 했는가?

답　두 사람은 즉시 공주로 향했으나, 일본군이 바다에서 들어온다는 소식을 듣고 바다를 방어하여 광주를 단단히 지키도록 시켰다.

법무아문 관원이 신문을 이어나간다.

문 그대는 작년 3월 봉기한 뜻이 백성을 위해 잘못된 것을 제거하는 데 있다고 했는데, 과연 그러했는가?

답 당연하다.

문 그렇다면 내직*에 있는 자들 또한 외직*의 관원들과 마찬가지로 모두 탐학을 일삼았단 말인가?

답 내직에 있는 자들도 관직을 팔고 작위를 속이는 일을 벌였으니, 모두 탐학을 일삼았다 할 것이다.

문 그렇다면 전라도 한 곳에서만 탐학을 일삼는 관리들을 제거하고자 봉기했는가, 아니면 팔도 전체에서 그러한 뜻을 펼치고자 하였는가?

답 전라도 한 곳에서 탐학을 일삼는 자들을 제거하고, 이와 더불어 내직에서 매관매직을 일삼으며 권력을 농단하는 신하들을 몰아내면 팔도가 자연히 한 몸이 될 것 아니겠는가.

문 전라도 감사 이하 각 읍의 수령들이 모두 탐학을 일삼았는가?

답 열에 여덟아홉이 그렇다.

문 어떤 일을 가리켜 탐학이라 하는가?

내직
조선 시대, 서울 안에 있던 각 관아의 벼슬을 통틀어 이르던 말.

외직
지방 관직을 통틀어 이르던 말.

답　각 읍을 다스리는 수령과 벼슬아치들은 상납을 내세워 토지의 세금을 더 거두거나, 집집마다 져야 하는 부역*의 세금을 마구 거두어들인다. 또 조금이라도 재산이 있는 백성에게는 공연히 죄를 뒤집어씌워 재산을 강제로 빼앗고 경작지를 함부로 침탈하는 일이 비일비재하다.

문　내직에 있으면서 매관매직을 일삼는 자는 누구인가?

답　혜당惠堂* 민영준*, 민영환閔泳煥, 고영근高永根* 등이 그렇다.

문　이들이 전부인가?

답　이 외에도 허다해서 다 말할 수가 없다.

문　이들이 매관매직을 행한 것을 어떻게 분명히 알 수 있는가?

답　온 세상에 다 퍼져 있으므로 모르는 사람이 하나도 없다.

문　그대는 어떠한 계책을 이용해 탐관오리를 제거하고자 했는가?

답　특별한 계책을 가지고 있는 것은 아니었다. 백성을 평안케 하려는 마음이 간절하였으므로 탐학을 일삼는 자들을 보면서 분노와 탄식을 이기지 못해 이런 일을 행한 것이다.

부역
국가나 관청이 백성에게 의무적으로 지우는 노역.

혜당
대동미를 관리하던 선혜청宣惠廳에 소속된 당상관堂上官을 부르는 말.

✱
민영준이 동학농민운동 당시 일본군에게 몰래 도움을 요청했던 기록이 남아 있다.《세장년록》

고영근(1853~1923)
대한제국의 군인이자 개화파 관료. 그러나 명성황후 시해에 가담한 조선인 우범선을 사살하기도 하고, 한일강제병합 이후 모든 관직에서 물러났다.

민영환(1861~1905)은 을사늑약에 반대하는 상소를 올렸으나 실패하자 자결한 애국자다. 그런데 그의 집안이 명성황후 가문이라 외척 세력을 반대하는 백성들의 반감을 샀으며, 부친 민겸호(閔謙鎬)가 구식 군대를 차별해 임오군란 때 살해당한 전력이 있어 계속 백성들에게 부정적으로 비춰졌다.

조선 최고 부호이자 대표적인 친일파 민영휘(閔泳徽)(1852~1935). 전봉준이 말한 '민영준'은 그의 어릴 적 이름이다.

농민들을 병들게 한 조선의 세금 제도

대동법大同法의 탄생

세금이란 국민이 소득의 일부분을 국가에 납부한 돈이다. 이렇게 모인 돈은 국가를 유지하고 국민 생활의 발전을 위해 사용된다. 조선 시대 백성들이 의무적으로 내야 했던 세 가지 세금은 소유한 토지에 대한 세금인 조세租稅, 지역 특산물을 바치는 공납貢納, 군대의 의무를 지는 역役이었다.

이 중에서 농민들을 가장 힘들게 한 제도가 있었으니, 바로 공납이었다. 논을 경작하는 농민들이 매번 지역 특산물을 바치는 것은 감당하기 어려운 일이었다. 궁지에 몰린 농민들은 수확한 쌀로 상인들에게 특산물을 구입하여 내기도 했지만, 상인들이 부르는 값이 점점 높아지면서 이것마저도 어려워졌다.

이러한 폐단을 해결하고자 등장한 제도가 바로 대동법이다. 대동법은 기존의 특산물(공물)을 쌀로 대체한 납세 제도다. 쌀은 전국 어디서든 생산 가능한 작물이었으므로, 이 제도는 공납에 애를 먹던 농민들의 부담을 덜어 주었다. 또한 정부 관리들이 필요한 특산품을 상인들에게 구입하기 시작하면서 조선의 상공업이 발달하게 되는 일석이조의 효과를 얻었다.

버려진, 그래서 죽창을 들고 일어난 농민들

그러나 기쁨도 잠시, 대동법 시행 이후에도 농민들의 삶은 순탄치 못하였다. 법은 바뀌었을지 몰라도, 탐관오리들은 여전히 탐욕스러웠기 때문이다. 공초에서 전봉

대동법이 처음으로 시행된 경기도에 있는 대동법 시행 기념비.

준이 증언하듯이 관리들은 세금을 걷지 않겠다는 거짓말로 농민들에게 빈 땅을 개간하게 한 뒤 말을 바꿔 조세를 걷고, 죄 없는 백성들에게 누명을 씌워 벌금을 걷는 등의 패악을 저지른다.

특히 조병갑의 경우에는 아버지를 기리는 비석을 세우기 위한 세금을 걷고, 그 작업에 농민들을 무보수로 동원하기까지 하였다. 이처럼 대동법을 믿고 다시 일어서려 했던 농민들의 꿈은 부패한 관리들에 의해 너무나도 손쉽게, 그리고 잔인하게 짓밟히고 만다.

조선 시대 세금 제도의 가장 큰 문제는 백성들에게 복지 없는 의무를 요구했다는 것이다. 백성이 실천한 납세의 의무를 정부가 복지로 보답할 때, 세금 제도는 비로소 시행의 정당성을 갖게 된다. 그러나 당시 조선 정부와 고위 관리들은 자신들의 부를 채우는 데만 급급했을 뿐, 어느 누구도 농민의 삶을 들여다보려 하지 않았다. 민생을 돌보지 않는 나라, 조선에서 농민들은 철저하게 버려졌다. 그래서 그들은 스스로를 구하기 위해, 그리고 조선을 바꾸기 위해 농민운동을 일으켰던 것이다.

문　그러하다면 왜 소를 올려 원통함을 알리지 않았는가?

답　감영과 고을 관아에 소를 올린 것이 얼마나 되는지 셀 수조차 없다.

문　감영과 관아에 소를 올릴 때 그대가 직접 그렇게 행했는가?

답　매번 그런 뜻을 품었으나 내가 소를 만들고 원통하게 고통받는 백성들로 하여금 올리도록 하였다.

문　그렇다면 조정에도 역시 소를 올려 원통함을 호소하였는가?

답　소를 올릴 길이 없어 홍계훈洪啓薰* 장군이 전주에 진을 치고 머물 때 이러한 연유를 써서 올렸다.

문　그때 수령과 관리들이 모두 탐학을 일삼았는데, 비록 소를 올린다 해도 어찌 그 내용을 들어주었겠는가?

답　비록 그러하나 호소할 곳이 아무 데도 없으니 부득이 그곳에 소를 올린 것이다.

문　관영과 고을에 소를 올린 것이 언제인가?

답　작년 정 2월과 3월 사이다.

문　정월 이전에는 소를 올리지 않았는가?

답　그때는 고부 한 읍의 백성들이 올린 민장民狀*만 있었을 뿐,

홍계훈(?~1895)
조선 후기 무신. 동학농민군을 진압한 공으로 훈련대장이 되었던 그는 을미사변 당시 광화문을 지키다 피살되었다.

민장
백성들 간의 분쟁과 관련된 판결 요청이나 청원 따위가 담긴 서류.

대단한 소를 올리지는 않았다.

문　여러 번에 걸쳐 관영과 고을에 소를 올렸으나 끝내 이를 들어주지 않았기 때문에 봉기한 것인가?

답　그렇다.

문　그대는 고부 군수에게 큰 피해를 입지 않았는데, 어떤 연유로 이런 일을 행하겠다는 뜻을 품었는가?

답　세상일이 갈수록 그릇되어 가므로 분개하여 한번 세상을 구하겠다는 뜻을 품은 것이다.

문　그대와 함께 모의한 손화중과 최경선 등은 모두 동학을 무척 좋아한 자들인가?

답　그렇다.

문　동학이라고 하는 것은 무엇을 주장하며 무엇을 공부하는가?

답　마음을 다잡고 충효를 근본으로 삼아 나라를 돕고 백성을 평안케 하고자 하는 것이다.

문　그대 역시 동학을 매우 좋아하는 자인가?

답　동학은 마음을 다스리고 하늘을 우러르는 가르침이기에 무척 좋아한다.

문　동학은 언제부터 시작되었는가?

답　동학은 지금으로부터 30년 전에 시작되었다.

문　누가 시작했는가?

답　경주에 사는 최제우崔濟愚가 시작하였다.

문　오늘날에도 전라도 안에는 동학을 존중하고 숭배하는 자들이 많은가?

답　난리를 겪고 난 후에는 죽음이 끝없이 이어져 이제는 대부분이 사라졌다.

문　그대가 봉기할 때 거느린 자들은 모두 동학도였는가?

답　이른바 접주接主*라는 이들은 모두 동학도였으나, 나머지 휘하 백성들은 충의의 선비라 일컫는 이들이 다수였다.

문　접주를 맡은 건 어떤 사람들인가?

답　앞에서 이끄는 자를 가리킨다.

문　그렇다면 봉기할 때 무기와 군량 등을 조달하는 자들인가?

답　모든 일에서 지휘를 맡은 이들이다.

문　접주와 접사接司*는 본래부터 있었는가?

답　이미 오래전부터 있었으나 봉기할 때 새로이 임명된 경우도 있었다.

문　동학 가운데 앞에서 이끄는 자들은 접주와 접사뿐이었는가?

답　접주와 접사 외에도 교장, 교수, 집강, 도집, 대정, 중정 등 여섯 종류가 있다.

문　이른바 접주라고 하는 자는 평소에 무슨 일을 하는가?

접주
동학의 조직인 접接의 책임자.

접사
접주를 보좌하던, 접의 버금 자리.

민중을 위로한 종교, 동학의 창시와 교조신원운동

최제우, 동학을 만들다

동학은 1860년 몰락 양반 최제우(1824~1864)가 창시한 종교다. 동학이 생겨날 당시 조선은 지배층의 착취, 외세의 침략, 자연재해 등으로 혼란스러운 상태였다. 이러한 상황에서 나타난 동학의 인내천人乃天, 즉 사람이 곧 하늘이라는 사상은 고통에 장시간 노출된 농민들의 마음을 달래주기에 충분했다.

동학교도들은 전국 각지에 그들만의 공동체인 포를 설치하고 모여 살았는데, 그들을 이끄는 지도자를 접주接主라고 하였다. 전봉준과 손화중, 김개남 등도 접주를 맡고 있었다. 접주 외에도 교장敎長, 교수敎授, 집강執綱, 도집都執, 대정大正, 중

최제우

최시형

정中正 등의 6가지 직분을 두어 체계적인 교리 생활을 꾸려나갔다.

그러나 조선 정부는 '사람이 곧 하늘'이라는 교리에 담긴 평등 의식을 허용하지 않았다. 조선이 몇 백 년 동안 공고히 지켜왔던 신분 제도를 뒤흔들 위험이 있다고 판단했기 때문이다. 결국 정부는 교주 최제우를 잡아들여 처형하고, 종교 활동을 일절 금지시켜 동학을 근절시키려 한다.

하지만 숱한 외압에도 동학의 물결은 멈출 줄 몰랐다. 제2대 교주 최시형崔時亨(1827~1898)은 교세 안정과 확장을 위해 최제우가 남긴 글을 모아 《동경대전》을 편찬하고, 뒤이어 한글로 쓴 동학가사집東學歌辭集 《용담유사》를 선보였다. 동학가사란 동학 교리를 쉽게 암송할 수 있게 만든 노래로, 더 많은 사람에게 동학을 전파할 수 있는 좋은 수단이었다.

교조신원운동

1890년대까지 명맥을 이어오던 동학은 좀 더 자유로운 종교 활동을 보장받고자 1892년부터 교조신원운동을 벌인다. 전라도 삼례에서 시작된 이 운동의 주요 내용은 억울하게 사형당한 최제우의 누명을 벗겨 동학을 합법적으로 인정해 달라는 것이었다. 그러나 정부는 그들의 목소리를 들어주지 않는다.

1893년 3월, 더 이상 참지 못한 동학교도 2만여 명은 최시형의 주거지인 충청도 보은에 모여 집회를 연다. 그러나 동학 지도자들이 고종의 해산 명령을 받아들이면서 집회는 끝이 나고 만다. 관군과의 무력 충돌로 교도들이 입을 피해를 걱정하여 평화적 선택을 한 것이다.

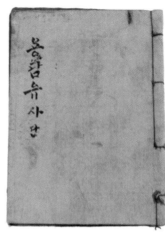

《동경대전》과《용담유사》. 동학농민혁명기념재단 소장.

비록 대규모 집회는 여기에서 끝이 났지만, 이 운동이 훗날 동학농민운동의 초석이

되었음은 분명하다. 수많은 민중들의 응집력을 확인할 수 있었던 자리였으며, 신

원운동과 더불어 부패한 관리의 처벌을 요구하고 외세를 배척할 것을 최초로 주장

한 민중운동이었기 때문이다.

답　별로 하는 일이 없다.

문　이른바 법헌法軒[*]은 무엇을 하는 직책인가?

답　직책이 아니고 장로長老를 가리켜 부르는 별도의 호칭이다.

문　앞서 말한 여섯 종류의 직책이 하는 일은 무엇인가?

답　교장과 교수는 우둔한 백성들을 가르치고 이끄는 이요, 도집은 위엄과 힘을 갖추고 기강에 밝으며 옳고 그름을 아는 이다. 또한 집강은 시비에 밝아 기강을 바로잡을 수 있다. 대정은 공평하며 부지런하고 온후한 사람이다. 중정은 직언을 할 만큼 강직한 인물이다.

문　접주와 접사는 같은 직책을 가리키는가?

답　접사는 접주가 지휘하는 바를 듣고 실행에 옮기는 이다.

문　이상에서 말한 여러 사람들은 누가 뽑는가?

답　법헌이 교도가 많고 적음을 본 후 차례로 선발한다.

문　동학 가운데 남접南接이니 북접北接[*]이니 하는 말이 있는데, 남접과 북접을 구분하는 것은 무엇에 의한 것인가?

답　호남湖南(전라도) 아래를 남접, 호서湖西(충청도) 이북을 북접이라고 한다.

법헌
교리를 해설하며 여러 가지 종교 의식을 행하는 직책.

✖
전봉준이 이끄는 전라도 중심의 동학도를 남접南接, 최시형이 활동하던 충청도 중심의 동학도를 북접北接이라고 한다.

최제우가 동학의 중심 교리를 마련·집필한 남원 교룡산에 위치한 은적암의 칠성각.

문 작년 봉기할 때 앞에서 말한 여러 직종들은 어떤 일들을 지휘했는가?

답 각기 직위에서 맡은 일을 했다.

문 그들은 모두 그대의 지휘에 따라 움직였는가?

답 그렇다. 내가 모두 지휘하였다.

문 마음을 닦고 하늘을 우러르는 도를 동학이라고 부르는 까닭은 무엇인가?

답 우리 도는 동쪽에서 나왔으므로 동학이라고 부른다. 처음 비롯된 뜻은 동학을 시작한 사람이 분명히 알고 있을 것이다. 나는 그저 그들이 가리키는 것을 그대로 따라 부를 뿐이다.

문 동학에 들어가면 능히 괴질*을 피할 수 있다고 하던데 과연 그러한가?

답 동학의 책 가운데 3년 괴질이 앞에 있으나 하늘을 우러르고 마음을 지키면 가히 면할 것이라는 내용이 있다.

문 동학은 조선 8도에 모두 전파되었는가?

답 5개 도*에는 가르침이 행해졌으나 서북 3도**에서는 알지 못한다.

문 동학을 받아들이면 괴질을 피하는 것 외에 또 다른 이익은

괴질
콜레라를 속되게 이르는 말. 소화 계통의 전염병으로 심한 구토와 설사, 근육 경련 따위를 일으키며 사망률이 높다.

✖
경기, 충청, 전라, 경상, 강원

✖✖
황해, 평안, 함경

없는가?

답 다른 이익은 없다.

문 작년 3월에 봉기할 때 탐관오리를 제거한 후 또 무슨 일에 힘을 쏟고자 했는가?

답 다른 뜻은 없었다.

문 작년에 홍계훈에게 조목條目[*]을 올렸다고 했는데, 정말 그러했는가?

✖
동학농민군이 전주성에서 제출한 폐정개혁안을 가리킨다.

답 그랬다.

문 조목을 올린 후에 탐관오리를 제거한 사례와 경험이 있었는가?

답 아무런 사례와 경험도 없었다.

문 그렇다면 홍계훈이 백성들을 속인 것이 아닌가?

답 그렇다.

문 그런즉 백성들은 왜 다시 원통함을 풀어 달라는 청원을 올리지 않았는가?

답 그 후 홍계훈이 서울에 있었으니 어찌 다시 청원하겠는가?

문 두 번째 봉기는 일본 군대가 대궐을 침범했기 때문에 일으켰다고 했는데, 다시 일어난 후 일본 군대에게 어떤 조치를 취하고자 했는가?

답 대궐을 침범한 까닭을 따져 물으려고 했다.

일본의 조선 개입을 위한 초석, 텐진조약과 청일전쟁

텐진조약

1894년 동학농민운동의 물결이 전국으로 퍼지자, 조선 정부는 민란 진압을 위해 청나라에 도움을 요청한다. 이 사실을 알게 된 일본은 텐진조약을 구실로 삼아 재빨리 조선에 군대를 파견했다.

텐진조약이란 1800년대 중국이 텐진에서 여러 나라와 맺은 다양한 조약을 통칭하는 것이다. 그중 1885년 청·일 텐진조약은 갑신정변 과정에서 벌어진 양국 군대의 충돌을 수습하기 위해 체결되었다. 조약의 내용은 조선 내부 문제로 군대를 파병할 때, 조선의 의사와는 무관하게 청나라와 일본이 동등하게 군대를 파병할 수 있다는 것. 이렇게 조선에 대해서 청나라와 동등한 파병권을 획득한 일본은 동학농민운동 당시 손쉽게 조선 땅을 밟을 수 있었다.

이에 따라 조선에 도착한 일본군은 민란 진압을 명목으로 죄 없는 농민들을 무차별적으로 살해하기 시작한다. 전주성에서 이 사실을 알게 된 전봉준은 외세를 물리치기 위해 큰 결단을 내린다. 조선의 문제를 주체적으로 해결하기 위해 정부와 손을 잡기로 한 것이다. 반외세라는 사상 아래 농민군과 한마음이 된 정부는 그 제안을 받아들여 전주화약을 맺는다.

청일전쟁

동학농민군이 해산한 이상, 청나라와 일본은 더 이상 조선에 주둔할 명분이 없었

청일전쟁을 위해 인천 제물포에 상륙한 일본군.

다. 그러나 일본은 조선 정복에 대한 야욕을 드러내며 군대를 공동 철수하자는 청의 의견을 무시한다. 그리고 1894년 6월 21일, 경복궁을 무력으로 점거한 일본은 청나라 군대를 기습한다. 7월, 마침내 두 나라 사이의 전쟁이 시작되고, 조선은 삽시간에 타국의 싸움판으로 전락하고 만다. 싸움의 목적은 단 하나, 탐스러운 사냥감인 조선을 차지하는 것이었다.

기습 공격 이후 평양전투와 황해해전에서의 승리로 기선 제압에 성공한 일본은 압록강을 넘어 중국 본토를 공격하기 시작한다. 한·중·일 삼국 가운데 가장 먼저 근대화에 성공한 일본군의 화력은 이미 청군을 뛰어넘는 수준이었다. 이에 위기를 느낀 청나라는 일본에게 화의를 요청하지만, 일본은 아랑곳하지 않고 중국 뤼순을 점령하여 민간인들을 잔인하게 학살하며 폭주를 멈추지 않는다. 결국 1895년 4월,

청일전쟁으로 인해 황폐해진 평양 민가.

청군은 패배를 인정하고, 청·일 양국이 시모노세키조약을 맺으면서 전쟁은 비로소

막을 내리게 된다.

청일전쟁은 이름 그대로 청나라와 일본의 전쟁이었으나, 가장 많은 피해를 본 국가

는 바로 조선이었다. 전쟁이 조선 땅에서 벌어진 탓에 그 피해는 고스란히 조선 백

성들의 몫이 되었기 때문이다. 백성들은 일본군과 청군에게 강제로 끌려가 노역에

시달린 것은 물론, 군량미를 조달한다는 명목으로 끝없는 수탈을 당해야 했다.

문 그렇다면 일본 군대와 함께 경성에 머물고 있는 각국 사람들을 모두 쫓아내려고 했는가?

소모사
조선 시대, 의병을 모집하던 임시 관직.

답 그렇지 않다. 다른 나라 사람들은 오직 통상을 할 뿐인데, 일본인들은 병사를 이끌고 경성에 진을 치고 머물렀다. 그러므로 우리나라 국토를 침략하려는 것이라고 의심하며 놀라워했다.

문 이건영李健永이라는 사람을 아는가?

답 잠시 만난 적이 있다.

문 만났을 때 무슨 말을 주고받았는가?

답 그가 자신을 소모사*라고 칭하기에 내가 소모사라면 당연히 어딘가에 소모영을 설치하라고 말한 적이 있으나 우리는 아무 상관이 없는 사이였고, 이후 그는 금산으로 먼저 떠났다.

문 어디에서 만났는가?

답 삼례역에서 만났다.

문 만났을 당시 이건영은 어디에서 왔다고 하던가?

답 경성에서 왔다고 하였다.

문 누가 파견했다고 하던가?

답 정부에서 파견했다고 하였다. 3, 4일이 지나서 들으니 그가 소모사라고 거짓 칭한다기에 잡아들이라는 명을 내린 바가 있다.

문 소모사라고 할 만한 근거 문서를 가지고 있던가?

답　본 적이 없다.

문　그때 그대의 무리는 몇 명이나 되었는가?

답　수천 명에 이르렀다.

문　그 외에 소모사라고 칭하며 봉기를 권한 사람은 또 없었는가?

답　그런 사람은 없었다.

문　송정섭宋廷燮을 아는가?

답　충청도 소모사라는 소문을 들었을 뿐이다.

문　다시 봉기했을 때 최시형과 의논하였는가?

답　의논하지 않았다.

문　최시형은 동학의 우두머리이다. 그런데 동학의 무리를 규합하는 데 어찌 의논하지 않는가?

답　충의는 각자의 마음에서 나오는 것이다. 어찌 최시형에게 의논한 후에 움직여야 한단 말인가?

문　작년 8월에 그대는 어디에 있었는가?

답　태인 집에 머물고 있었다.

문　나머지 무리들은 어디에 있었는가?

답　각기 자기 집에 있었다.

문　충청도 천안 지방에도 그대의 무리가 있었는가?

답　그곳에 우리 무리는 없었다.

법무아문 관리가 계속해서 신문한다.

문 그대는 며칠 전에 말하기를, 송희옥宋憙玉*을 알지 못한다고 했는데, '희옥'은 이름인가 호號인가?

답 희옥은 이름이고, 칠서漆瑞가 자字*다.

문 송희옥과 더불어 이미 삼례역에서 함께 모의했으면서 어찌 그 이름을 정확하게 알지 못한단 말인가?

답 송희옥은 본래 헛되고 거짓된 부류의 인간인지라 어느새 왔다가 어느새 사라져 실제로 어디에 있는지 정확히 알지 못한다.

문 듣건대 송희옥은 전라도 전체의 도집강都執綱일 뿐 아니라 너와는 친척으로서 사이가 좋다는 말을 들었다. 그런데도 모든 일을 거짓으로 꾸며내고 솔직히 고백하지 않으니 어찌 의심하지 않겠는가?

네 죄의 크고 작음은 송희옥의 거짓 고백에 달려 있는 것이 아니다. 송희옥의 죄 또한 네가 감추어 보호하는 데 달려 있는 것이 아니다. 그런데도 너는 한결같이 변명을 일삼으며 신문에 진실로 응하지 않으니, 어떤 마음에서 이러는 것인가?

송희옥
동학농민운동이 일어날 무렵 전주 도집강을 맡고 있었으며, 전봉준의 처족 7촌이자 직속 비서였다.

자
본이름 외에 부르는 이름. 주로 남자가 성인이 되었을 때 짓는다.

답　전에 고한 바와 같다. 송희옥은 본래 붕 떠 있을 뿐 아니라 거칠기 짝이 없는 인물이다. 지난번 일본 영사가 내게 문서 하나를 보여 줬는데, 희옥의 글이었다. 그 문서에 대원군과 서로 통한다고 되어 있어 내 조용히 헤아려 보니, 그가 이러한 말을 위조하여 현 시국의 힘을 빌리고자 한 듯했다. 이렇게 터무니없는 말을 만든 것은 실로 사내의 행동이 아닐뿐더러, 존엄한 분을 모독하고 쓸데없이 물의를 일으킨 것이므로 잠시 이렇게 말을 꾸며 낸 것이다.

문　사내의 말이란 비록 백 마디가 진실이라도 한 마디가 거짓이라면 백 마디 모두 거짓인 셈이다. 이로 추정해 보건대 앞서 알지 못한다고 한 것이나 하지 않았다고 한 바가 모두 거짓인 것은 아닌가?

답　그렇지 않다. 지금은 마음과 정신이 모두 혼미하여 착오가 있었던 것뿐이다.

문　송희옥이 갑오년 9월에 썼다고 진술한 서찰의 내용은 다음과 같다.

어제 저녁에 두 사람이 또다시 비밀리에 내려와 일의 전말을 상세히 고하였다. 그들은 '우리 세력이 개화파에 짓눌려 있으므로, 우선 그들을 잘 알아듣게 타이른 뒤 비밀 기별을 전하겠다'고 했다.

이것이 누구에게 보낸 글인지 그대는 역시 알지 못하는 것이란 말인가? 지난번에 그대는 '작년 10월 다시 봉기한 것은 일본 병사들이 대궐에 난입하여 어느 편에 이익과 손해가 있는지 모르는 까닭에 우리 백성들이 한시도 안심할 수 없어서였다'라고 말했다. 그런즉 그대의 10월 봉기와 대원군이 보내기로 한 비밀 기별이 아무런 관련도 없다고 말할 수 있는가?

답 그동안 비록 이러한 무리들이 왕래했다 해도 평소에 그 얼굴을 모르는데 중대한 사건을 어찌 의논하겠는가? 그런 까닭에 행적이 수상한 자는 단 한 번도 만나지 않았다.

문 남원 부사 이용헌李用憲, 장흥 부사 박헌양朴憲陽에게 해를 끼친 것은 모두 누구의 소행인가?

답 이용헌은 김개남의 일이고, 박헌양은 누구에게 피해를 입었는지 알지 못한다.

문 은진恩津에 사는 김원식金元植이 입은 피해는 누구의 소행인가?

답 공주의 동학 우두머리인 이유상李裕相이 벌인 일이다. 나와는 아무 관련이 없다.

문 작년에 다시 봉기할 때 조정에서 내려 보낸 효유문을 그대는 보지 못했는가?

답 대원군의 효유문은 구해서 보았으나, 조정에서 내려 보낸 효유문은 보지 못했다.

문   비록 조정에서 내려 보낸 효유문의 글자들은 못 보았다 해도 대원군의 효유문을 이미 본즉 그 무렵 상황을 가히 알았을 것이다. 그런데 그대는 세상 돌아가는 이치를 헤아리지 않고 마음대로 백성을 동원하여 그릇되게 트집을 잡아 함부로 떠들어 댔다. 그 결과 백성들이 물불 속에 빠져 고통스러워 하니, 이 어찌 신하된 백성으로서 할 짓이란 말인가?

답   깊은 속내를 상세히 모른 채 마음대로 백성들을 동원하였으니, 과연 이는 옳지 못한 일을 저지른 것이다.

이번에는 일본 영사가 신문을 시작한다.

문 그대는 송희옥의 글 가운데 이른바 '대원군의 비밀 기별'에서 어떻게 거짓과 참을 정확히 가려낸 것인가?

답 송희옥은 평소부터 부랑자인 까닭에 그로 미루어 말한 것이다. 또 대원군이 혹시라도 이러한 일이 있다면 마땅히 내게 먼저 알릴 것이요, 송에게 먼저 알리지 않을 것이다.

문 송희옥은 네 아랫사람이냐 윗사람이냐?

답 아랫사람이다, 윗사람이다 말할 만한 것이 없고, 다 동등한 처지라고 할 수 있다.

문 다시 봉기할 때 송희옥과 함께 의논하지 않았는가?

답 내가 봉기할 때 간혹 참석하였으나 처음에만 이게 옳다 저게 옳다 하고 말하였다.

문 만약 송이 너의 일에 이게 옳다 저게 옳다 하며 참여한 적이 없다면, 왜 대원군의 비밀 기별을 거짓으로 사칭하여 다른 사람에게 보낸 것이냐?

답 송이 누구에게 대원군의 글을 보냈고 어떻게 포에서 봉기했는지는 거슬러 헤아리기 어렵다. 다만 송은 나와 관련된 것은 그저 지켜볼 따름이었다.

문 송은 너와 같은 포가 아닌즉 서로 실행한 일에 대해 반드시 서로 알지 못하는 내용들이 있을 것이다.

답　그러할 것이다.

문　그런데 그대는 송이 거짓으로 칭한 대원군의 비밀 기별을 어찌 그리 정확히 알고 있는가?

답　송은 처음에 서울에 머문 적이 없을 뿐 아니라 이름이 알려진 인물이 아니므로, 내가 스스로 깨우쳐 말한 것이다.

문　전후에 진술한 내용을 모두 합해 살펴보면 송과 그대는 평소부터 서로 친한 자인데, 계속 모른다고 하니 이 역시 의심하지 않을 수 없다.

답　지난번 일본 영사에게 진술할 때 내게 제시된 글은 부랑자와 관련된 것이라 역시 모르는 것이었다. 그런데 내가 만약 송희옥을 잘 아는 사람으로 여겼다면 그 글이 어디서 왔는지 반드시 물었을 것이고, 그러면 의혹을 풀기 어려울 것이라 생각하여 잠시 거짓 진술을 한 것이다.

문　그렇다면 그대에게 이로운 질문에는 답을 하고, 해로운 질문에는 알지 못한다고 하는 게 옳은 일인가?

답　이익과 손해를 따진 것은 아니나 특별한 연유로 의심을 해결하기 어려운 것은 그리했다.

문　전라도 사람들은 계속 변한다는 말을 일찍이 들었는데, 지금 그대가 말하는 것 역시 그 버릇 그대로이다.* 그렇다고 해도 질문이 계속되면 모든 사정이 자연스럽게 드러날 것이니, 비록 일언반구라도 속여 무언가를 얻고자 해도 불가능할 것이다.

답 비록 송희옥과 관련된 일은 거짓을 고했으나, 나머지 것들은 처음부터 단 한 마디도 거짓으로 꾸미지 않고 말하였다.

문 이번 재판은 두 나라에 관계되는 심판으로 한 치의 치우침도 없이 옳고 그름을 조사하여 처리할 것이다. 그런데도 감히 이치에 맞지 않는 말로 속여 순간을 모면하고자 한다면 탐관오리를 징계하고 간신배를 쫓아낸다는 너의 말을 믿을 사람이 어디 있겠느냐?

답 사로잡힌 지 몇 달이 된 데다 병 또한 몸에 깃들어 실수한 말이 하나도 없을 수는 없다.

문 송과 그대는 친척 사이가 아닌가?

답 처가로 7촌이다.

문 봉기할 때 어디에서 처음 보았는가?

답 삼례에서 처음 보았고, 실제로 같은 포에서 일한 적은 없었다.

문 처음 보았을 때 사건에 대해 의논한 적이 있는가?

답 그저 우리가 해야 할 일에 대해 말하였고, 나 역시 후에 봉기

✖
고려에서 시작된 지역감정이 조선까지 이어진 것이다. 후삼국 통일 과정에서 왕건은 전라도에 주둔한 후백제를 복속시킬 때 가장 애를 먹었는데, 이 악감정은 그가 남긴 훈요십조訓要十條에서 '전라도 사람을 등용하지 말라'는 조항으로 나타나 전라도 차별을 굳어지게 했다.

하여 올라오겠다고 말하였다.

문 그게 언제인가?

답 작년 10월 다시 봉기했을 때인데, 날짜는 자세히 알 수 없다.

문 그대는 다시 봉기할 때 어떤 일을 하고자 하였는가?

답 앞에서 이미 남김없이 말하였다.

문 그대와 송이 함께 삼례에서 만났을 때, 혹시 대원군의 말을 핑계 대지는 않았는가?

답 송이 대원군에게서 내려왔다고 일컬으며 2월에 급히 상경하면 좋을 것이라고 하기에, 내가 그런 내용의 문서가 있느냐고 묻자 대답이 없었다. 그가 문서를 보여주지 않아 내가 질책하자 횡설수설하며 실제로 당황하는 듯했다. 또 대원군의 하교를 따를 필요는 없고, 해야 할 일이 있다면 내가 당연히 할 것이라고도 말했다.

문 삼례에서 봉기할 때 군중들은 얼마나 모였는가?

답 4000여 명이었다.

문 그 후 전투는 며칟날 있었는가?

답 삼례에서 봉기한 때부터 20여 일이 지난 후에 전투를 시작했다.

문 송이 말한 운현궁에서 내려온 두 사람의 성명은 무엇인가?

답 그때는 들어서 알았으나 지금은 기억나지 않는다.

문 두 사람의 성명을 비록 완전히 들을 수는 없다 해도 성과 이름 가운데 아무것도 기억하지 못한단 말인가?

답　성은 박朴씨와 정鄭씨 같은데 자세한 것은 아니다.

문　박씨와 정씨라면 박동진朴東鎭과 정인덕鄭寅德이 아닌가?

답　박동진은 분명한데 정씨는 분명하지 않다.

문　박과 정은 송을 만나 무슨 말을 하였는가?

답　송이 일컫길, "대원군이 역시 그대가 올라오기를 기대하고 있다"라고 하였다.

문　송희옥은 지금 어디에 있는가?

답　이번에 올라올 때 들으니 고산高山에서 민병民兵*에게 죽었다고 하는데 분명치는 않다.

문　대원군의 효유문은 어떻게 구해 보았는가?

답　9월에 태인 본가에 머물 때 내게 딸린 사람이 원본을 베껴와 보았다.

문　그때는 널리 봉기할 때인가?

답　그때는 집에서 병을 치료할 때여서 봉기 따위는 생각도 하지 않았다.

문　전라도에서 동학도들이 소동을 일으키지는 않았는가?

답　그때 김개남 등이 여러 읍에서 소요를 일으켰다.

---

* 민병이란 민간인으로 이루어진 군대를 가리키는데, 여기서는 농민군을 가리키는 듯하다.

문　여러 읍이라면 어디 어디인가?

답　순창, 용담, 금산, 장수, 남원 등이며 나머지 지역은 분명치 않다.

주사
여러 관아에 둔 하급 사무
직 관리.

문　대원군의 효유문을 단지 한 번만 보았는가?

답　그렇다.

문　효유문에는 어떤 내용이 들어 있었는가?

답　"너희들이 지금 일으킨 난리는 진실로 수령과 관리의 탐학과 백성들의 누명과 원통함에서 비롯한 것이니 오늘 이후로 관리의 탐학은 반드시 벌을 내릴 것이요, 백성들의 누명과 원통함은 반드시 해결할 터이니 각자 집으로 돌아가 안심하고 생업에 종사하라. 만일 이를 지키지 않으면 마땅히 왕의 명령으로 다스리겠노라" 하였다.

문　효유문에 도장이 찍혀 있던가?

답　내가 본 것은 원본을 베낀 것이기 때문에 도장이 없었으나 관청에 도착한 원본에는 도장이 있다고 하여 마을에 게시하였다.

문　누가 마을에 게시하도록 하였는가?

답　관청에서 하였다고 들었다.

문　효유문은 누가 가지고 왔는가?

답　주사主事*의 직함을 지닌 자가 가져왔다고 들었다.

문　그때 효유문은 그대가 보기에 진짜로 보였는가, 가짜로 보였

서울특별시 종로구 운니동에 위치한 흥선대원군의 거처, 운현궁의 노안당.

는가?

답 이미 관청에서 게재하였는데 어찌 가짜로 볼 수 있는가?

문 그대는 이를 진짜로 보았다면서 어찌하여 다시 봉기하였는가?

답 귀국 일본의 속내를 자세히 알고 싶었기 때문이다.

문 일본의 속내를 자세히 알고 난 다음에는 장차 무슨 일을 도모하고자 하였는가?

답 보국안민, 즉 나라를 돕고 백성을 평안하게 하는 계책을 세우고자 했다.

문 그대가 다시 봉기한 것은 대원군의 효유문을 믿지 않았기 때문 아닌가?

답 이전에 조정에서 한두 차례 효유문을 보내왔으나 결국 실시한 것은 아무것도 없었다. 그러므로 아래 사정을 위에 알리기도 어렵고 위에서는 아래를 살피기도 어렵기에 한번 서울에서 맞닥뜨려 백성의 뜻을 상세히 알리고자 하였다.

문 이미 효유문을 보았는데도 감히 일을 다시 벌였으니, 이것은 너의 실수가 아니냐?

답 눈으로 직접 보고 귀로 직접 듣지 않고서는 깊이 믿기 어려웠기 때문에 다시 일어난 것인데, 이를 어찌 실수라고 할 수 있단 말인가?

운현궁에서 날아든 한 통의 편지

1894년 9월, 2차 봉기를 앞둔 농민군에게 편지 한 통이 날아든다. 발신자는 고종의 아버지, 흥선대원군이었다. 그는 이 서찰을 통해 농민군에게 투쟁을 멈추고 왕명을 따른다면 원하는 바를 이루어 주겠다는 뜻을 전하고 있다. 과연 흥선대원군과 동학농민군은 어떤 관계였을까?

흥선대원군과 동학농민운동

《전봉준 공초》에서 흥선대원군의 이름은 자주 언급된다. 신문관은 공초 내내 전봉준과 대원군의 은밀한 내통을 의심하고, 전봉준의 비서 송희옥과 대원군의 내통을 기정사실로 간주하고 있다. 이처럼 동학의 배후에 대원군이 있다는 소문은 1893년 교조신원운동이 일어났을 때부터 나돌았다고 한다.

이로 미루어 봤을 때, 동학농민운동 당시 전봉준이 대원군 측과 어느 정도 논의를 주고받은 것은 확실해 보인다. 그러나 정확히 어떤 내용이 오갔는지, 어떤 협조를 했는지에 대해서는 남겨진 기록이 거의 없다.

흥선대원군.

홍선대원군 효유문. 동학농민혁명기념재단 소장.

다음은 흥선대원군이 동학군에게 보낸 효유문이다.

———

　흥선대원군이 일을 알아듣게 일러둔다.

　우리나라는 어짊과 후덕함으로 나라를 세우고 예의와 정의
로 풍속을 이루어 빛나는 역대 임금께서 500년 동안 윤택함
을 쌓아 와 백성들은 전쟁의 화를 겪지 않고 오늘에 이르렀

다. 그런데 어찌하다가 근래에 이르러 기강이 해이해지고 풍속이 점차 퇴폐해져 방백(관찰사)과 수령은 탐학을 일삼고 토호(지방 세력가)와 귀족들은 버젓이 강제로 밀어붙이며, 간사한 관리들과 교활한 아전들의 수탈은 날이 갈수록 심해지니 기강이 몹시 어지러워져 우리 조종祖宗이 품고 지켜야 할 백성들은 살아갈 수가 없다. 그런데 조정은 높고 멀어 호소할 길이 없어 마침내 동학에 의지하고 무리를 이루어 스스로 지키고자 하며 하루하루를 연명하는 것을 다행으로 여기고 있으니, 그 모습을 살펴보면 가엾기 그지없다. (⋯)

이는 의거로부터 비롯된 것인가, 패역의 행동인가? 오늘날 동학도들을 가리켜 모두 말하기를 난을 야기하는 자들이라 마땅히 소탕하고 섬멸하라 하나, 나는 홀로 난을 야기하는 자들이라는 말을 참을 수 없다. 그대들 모두 각기 나라의 평화로운 백성인데도 내 그 품성을 순하게 하지 못했고, 그 삶을 지켜주지 못해 이러한 난이 일어나도록 했으니 어찌 병사와 칼로 다룰 수 있겠는가!

조정에서는 이미 3도에 관리를 파견하여 덕의 뜻을 보여 주었다. 그런데도 그대들이 끝내 듣지 않는다면 조정에 저항하는 것이라. 오호라, 난을 야기하는 자들이라는 지적을 면할 수 없고 국가의 은혜와 용서를 얻을 수 없으니 이야말로 함께 물에 빠지는 것이 아닐까 두렵고도 애석하도다. 이에 임금께서 심중의 말을 꺼내어 그대들에게 널리 알렸으니 마음을 돌려 군대를 해산하고 생업으로 돌아간다면 추호도 그대들의 죄를 다시 물을 까닭이 없도다. 살피건대 이번 가을 곡식이 이미 익었으니 부모와 처자와 함께 배불리 즐기며 영원히 태평성대의 백성으로 지낼 것이라. (⋯)

근래에 조정에서 정치를 개혁하고 있음을 그대들은 듣지 못했는가? 이제껏 폐단이 있어 백성들에게 해를 끼친 것은 모두 고쳐 서로 화목하고 뜻을 모아 날로 복을 돈독케 할지니, 이는 모두가 임금께서 국가와 백성을 위하여 마음을 쓰고 있는 일이다.

그대들은 마땅히 임금의 뜻이 공고하며 진실하다는 것을 느껴야 하거늘 어찌 평안한 낙원을 버리고 위험을 초래하는 것인가? 슬프도다. 오늘날 그대들의 화와 복의 위태로움은 귀신과 관련이 있도다. 내 말은 이제 그치고자 하니 각기 깊이 듣고 후회하지 않도록 특별히 타이르노라.

문 그렇다면 앞서 말한 '실수'는 무슨 뜻인가?

답 앞서 실수라고 한 것은 오늘날 돌아가는 일의 속내를 자세히 알지 못했음을 가리킨 것일 뿐 효유문을 보았다, 안 보았다는 말이 아니었다.

문 그대가 다시 봉기한 것은 대원군이 효유문으로 개화파에게 압박을 한 것으로 보고, 덧붙여 대원군이 그대 등의 상경을 기다렸기 때문 아닌가?

답 효유문이 개화파를 압박하고 안 하고는 실제로 아무 관계도 없었고, 다시 일을 벌인 것은 나를 비롯한 여러 사람의 본심에서 나온 것이다. 또한 비록 대원군의 효유문이 있었다 할지라도 깊이 믿기 어려워 다시 봉기할 것을 힘써 도모하였다.

문 일본 군사가 대궐을 침범하였다는 소식은 언제 들었는가?

답 7, 8월 사이에 들었다.

문 누구에게서 들었는가?

답 소문이 널리 퍼져 있었기 때문에 자연스럽게 알게 되었다.

문 그대는 국가의 어려움을 맞아 의병을 일으켰다고 했는데, 왜 소문을 들은 즉시 행동에 옮기지 않고 10월까지 기다렸는가?

답 마침 병에 걸렸고, 또 많은 사람들을 일시에 움직이기가 어려웠을 뿐 아니라 햇곡식이 미처 나오지 않아서 자연스럽게 10월에 이르게 되었다.

문 대원군이 동학의 일과 관계가 있다는 사실은 세상이 모두 아는 바이다. 그러나 지금 대원군에게는 아무런 권한도 없으므로, 그대 죄의 가볍고 무거움은 이 장소에서 결정될 것이다. 그런데도 그대는 끝까지 솔직하지 않은 채 대원군의 보호를 깊이 바라는 듯하다. 이게 과연 무슨 뜻인가?

답 대원군이 다른 동학도들과 관계가 있다고 하더라도 백십여 명밖에 안 되며, 나와는 처음부터 아무런 관계도 없었다.

문 대원군이 동학과 관계를 맺고 있음은 조선 천지에 널리 퍼진 사실인데, 오직 그대만 듣지 못했단 말인가?

답 참으로 들어보지 못한 내용이다.

문 대원군이 애초부터 동학과 관계를 맺고 있다는 사실을 한번도 들어본 적이 없단 말인가?

답 그렇다. 나에 대한 것도 숨기지 않는데, 하물며 다른 사람 일에야 말해 무엇하겠는가?

문 송희옥이 대원군과 함께 관계를 맺고 있는 것 또한 그대는 알고 있었는가?

답 송희옥은 분명 관계가 없었을 것이다.

문 아무 관계도 없다는 사실을 그대는 어찌 알았는가?

답 송희옥과 대원군 사이에 증표가 있다면 사실일 것이나 확실치 않고, 내가 생각해도 두 사람은 아무 관련이 없는 게 분명하다.

무너진 조선,
버려진 백성

다섯 번째 공초

1895년 3월 7일

전회 공초와 마찬가지로 일본 영사의 신문이 이어진다.

문 그대 이름과 호가 하나둘이 아닌데 몇 개인가?

답 전봉준 하나뿐이다.

문 전명숙全明淑이란 누구 이름인가?

답 나의 자字이다.

문 전녹두全綠豆*는 누구인가?

답 세상 사람들이 나를 가리켜 부르는 이름일 뿐 내가 정한 이름도, 자도 아니다.

문 그대에게는 별호別號*가 있는가?

답 없다.

문 이 외에 별호나 아명兒名 같은 것은 또 없는가?

답 없다.

문 그대가 사람들에게 글을 써 줄 때는 이름으로 하는가, 자로 하는가?

답 이름으로 한다.

문 그대가 작년 10월에 다시 봉기할 때 날짜가 며칠이었는가?

답 10월 12일 무렵인 듯한데 분명치는 않다.

✱
전봉준은 '녹두 장군'이라는 별명으로 유명한데, 키가 작고 다부진 모습이 단단한 녹두를 닮아 그 무렵 백성들이 부르던 명칭이다.

별호
본이름이나 자 이외에 따로 지어 부르는 이름. 호라고도 한다.

문 삼례에서 다시 봉기하기에 앞서 그
대는 어디에 있었는가?

답 내 집에 있었다.

문 그대가 전주에서 초토병招討兵*과
전투를 벌이고 해산한 후 어디로 향했는가?

답 10여 개 읍에 들러 귀가를 권한 후 즉시 내 집으로 돌아갔다.

문 전주에서 해산한 것은 며칠인가?

답 5월 7, 8일 사이다.

문 전주에서 해산한 후 처음 들른 읍은 어디였는가?

답 처음에 금구金溝에서 출발해 김제, 태인 등지에 닿았다.

문 처음 금구에 도착한 것은 며칠인가?

답 금구는 잠시 지나는 길에 거쳐 갔고 5월 8, 9일 사이에는 김
제에 도착했으며, 10일에는 태인에 도착했다.

문 태인에 도착한 후 거쳐 간 읍들은 각각 어느 곳이었는가?

답 장성, 담양, 순창, 옥과玉果, 남원, 창평, 순천, 운봉雲峰을 거쳐
내 집으로 들어갔다.

문 그대가 집으로 귀가한 것은 몇 월 며칠인가?

답 7월 그믐에서 8월 초 사이다.

문 여러 읍을 두루 돌아다닐 때 그대는 혼자 다녔는가, 동행자
와 함께였는가?

초토병
조선에 변란이 있을 때 이
를 평정하기 위해 정부에
서 임시로 보내던 군사.

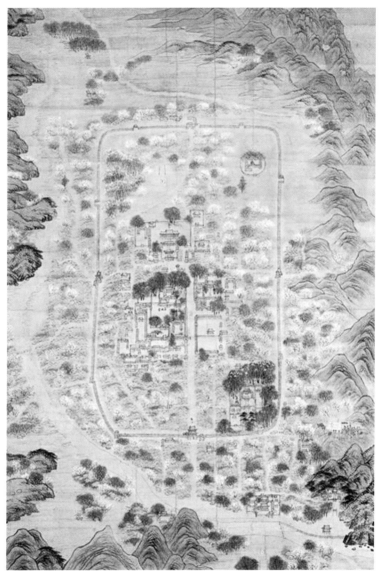

18세기 후반에 그려진 전주 지도. 전주읍성과 관아, 주변의 산세를 한눈에 볼 수 있다.
국립전주박물관 소장.

답 말을 끄는 부하들을 합해 스무 명 남
짓이었다.

문 그때 최경선도 동행했는가?

답 그렇다.

문 손화중도 동행했는가?

답 손은 함께하지 않았다.

문 전주에서 해산한 후 손화중은 어디로 향했는가?

답 그때 손은 전라우도全羅右道의 여러 읍을 돌아다니며 귀가를
권하였다.

문 손이 전주에서 해산한 것도 그대와 같은 날이었는가?

답 그렇다.

문 전주에서 해산한 후 그대는 손을 본 적이 없는가?

답 4, 5개월 동안 만난 적이 없다.

문 4, 5개월 후에는 어디서 만났는가?

답 8월 그믐경 순찰사*로부터 명령을 받고 먼저 나주로 가서 농
민군에게 귀가하라고 권한 후 장성에 닿아 처음으로 보았다.

문 손과 만난 후에 의논한 바가 있는가?

답 그때 내가 말하기를, "순상(순찰사)에게서 따로 위촉받은 일이
있으니 함께 영문에 가면 좋겠다"라는 뜻을 의논하였다.

문 그런즉 손은 무어라 답변을 하던가?

순찰사
조선 내부에 큰 싸움이
있을 때 왕명을 받아 지
방의 군사 업무를 담당
하던 벼슬.

답 병에 걸려 함께 갈 수 없다며 병이 치유된 후 뒤따라가겠다고 하였다.

문 그 외에 다른 것을 의논하지는 않았는가?

답 그렇다.

문 일본 군대가 대궐을 침범했다는 소문은 언제 어디서 들었는가?

답 7월경 남원에서 처음 들었다.

문 그렇다면 여러 읍을 거쳐 집으로 돌아갈 무렵 이 소문을 들었단 말인가?

답 거리에 떠도는 소문을 들었을 뿐이다.

문 이런 소문을 들은 후 백성들을 일으켜 일본 공격에 관한 일을 의논한 곳은 어디였는가?

답 삼례역이었다.

문 특별히 삼례에서 이 일을 의논한 까닭은 무엇인가?

답 전주부全州府 바깥에는 삼례만큼 주막이 많은 곳이 없기 때문이다.

문 삼례에 닿기 전에는 그만한 도회지가 없었는가?

답 원평院坪에 닿은 후 하룻밤을 보내고 바로 삼례에 닿았다.

문 집에서 처음 출발한 것은 며칠인가?

답 10월 초순 무렵이었다.

일본이 강제한 혁명, 갑오개혁

갑오개혁

갑오개혁은 1894년 7월 초부터 약 2년간 일본에 의해 강제로 추진된 조선 근대화 운동이다. 을미개혁을 포함해 총 3차에 걸쳐 진행된 이 개혁은 일본의 강제적 개입으로 시작된다. 조선을 제 입맛대로 요리하기로 작정한 일본은, 먼저 군대를 동원해 경복궁을 포위한다. 그리고 흥선대원군을 섭정으로 세운 뒤 김홍집과 개화파 관료들로 내각을 구성하여 개혁의 초석을 깐다. 이제 조선은 새로운 근대화 기관, 군국기무처의 지휘에 따라 변화의 소용돌이에 빠져들게 된다.

갑오개혁은 조선 최초의 반봉건적 개혁이었다. 양반과 평민으로 사람을 구별하던 반상제班常制를 폐지하고, 노비를 사고파는 것을 금지했으며, 과부의 재혼을 허가하였다. 또한 조선의 모든 공식 문서를 한글로 작성하도록 하였다. 이 외에도 과거제 폐지, 관료제 도입, 외척의 내정 간섭 차단, 연좌제 폐지 등을 실행하여 근대 국가의 모습을 갖추기 위해 노력

1차 갑오개혁을 주도한 김홍집.

하였다.

그러나 결정적인 문제점이 존재했으니, 갑오개혁은 결국 일본의, 일본에 의한, 일본을 위한 근대화였다는 것이다. 갑신정변과 동학농민운동 등으로 국가 개혁의 필요성을 절감한 정부는 교정청을 설립하여 자주적 근대 개혁을 꾀하려 한다. 그러나 일본은 조선 정부의 뜻을 무시하고 친일 관리들을 내세워 일본식 개혁을 단행한다. 일본은 청나라의 힘을 차단하기 위해 일부러 조선의 자주성을 강조하였고, 신분제 폐지로 양반 유생들의 권위를 떨어트려 친일 정부에 반기를 들 수 없게 만들었다. 게다가 조선이 해결해야 할 가장 중요한 문제였던 토지 제도와 군사 제도에는 전혀 손을 대지 않았다. 결국 갑오개혁은 조선을 쉽게 집어삼키려는 일본의 검은 야욕을 실현하는 과정이었던 것이다.

다음은 2차 갑오개혁 당시 발표된 홍범 14조다.

1. 청에 의존하지 않고 자주 독립 국가의 기초를 세운다.
2. 왕실의 규범을 제정하여 왕위 계승의 법칙, 종친과 외척의 구별을 분명히 한다.
3. 임금은 각 대신과 의논하여 정사를 행하고, 종실·외척의 내정 간섭을 허용치 않는다.
4. 왕실 사무와 국정 사무를 각각 관리한다.
5. 의정부議政府와 각 아문衙門의 직무·권한을 분명히 나눈다.

6. 납세는 법에 따라 행하고, 함부로 세금을 거두지 않는다.

7. 조세의 징수와 경비 지출은 모두 탁지아문度支衙門의 관할에 속한다.

8. 왕실의 경비는 스스로 절약에 앞장서서 각 아문과 지방관의 모범이 되게 한다.

9. 왕실과 각 부府의 1년 회계를 책정하여 재정의 기초를 다진다.

10. 지방 제도를 개정하여 지방관의 권력을 한정한다.

11. 젊은 인재들을 파견하여 외국의 학술, 기예를 보고 익히게 한다.

12. 장교를 교육하고 징병제를 실시하여 군제의 기초를 세운다.

13. 민·형법을 제정하여 국민의 생명과 재산을 보호한다.

14. 문벌을 가리지 않고 인재 등용의 길을 넓힌다.

문　그대가 삼례로 갈 때 동행자는 누구였는가?

답　동행자는 없었다.

문　가는 길에 만난 사람 역시 없었는가?

답　없었다.

문　그때 최경선이 동행하지 않았는가?

답　최는 나중에 도착했다.

문　삼례에 도착한 후에는 누구 집에서 회합을 가졌는가?

답　어떤 주막에서 모였다.

문　삼례에 허물없이 가까운 친구의 집이 있었는가?

답　처음에는 그런 친구가 없었다.

문　삼례에는 몇 가구나 사는가?

답　100여 호가 산다.

문　그대가 사는 주변에도 분명히 100여 호가 모여 사는 마을이 있을 텐데 왜 하필이면 그곳에서 모였는가?

답　그곳은 도로가 사방으로 뻗어 있을 뿐 아니라 역驛*도 있기 때문이다.

문　최경선이 삼례에 온 후 함께 며칠이나 묵었는가?

답　5, 6일 함께 머문 후 광주, 나주 등지로 향하였다.

역
조선 시대, 중앙 관아의 공문 전달, 외국 사신의 왕래, 각종 지역으로의 이동 시 말을 공급하던 곳.

문 왜 광주와 나주를 향해 떠났는가?

답 봉기 때문이었다.

문 최가 광주와 나주로 간 것은 그대가 시킨 것인가?

답 내가 시킨 것은 아니고, 광주와 나주에는 최가 아는 사람이 많아서 그들을 모아 쉽게 봉기할 수 있어서였다.

문 삼례에 모두 모일 때 동학 무리 가운데 가장 유명한 자는 누구였는가?

답 금구의 조진구趙鎭九, 전주의 송일두宋一斗, 최대봉崔大奉 등 몇 사람이 이른바 가장 유명한 사람이었다. 그 외에도 많은 사람이 있었으나 지금은 기억나지 않는다.

문 그때 삼례에서 이른바 의병으로 모인 사람이 얼마나 되었는가?

답 4000여 명이었다.

문 이들 무리를 거느리고 처음에 어디로 향하였는가?

답 은진恩津과 논산論山으로 향했다.

문 논산에 도착한 것은 며칠이었는가?

답 지금은 정확히 생각나지 않는다.

문 어째서 간단한 것조차 기억하지 못한단 말인가?

답 대략 10월 그믐 무렵이었을 것이다.

문 논산에 이르러서는 무슨 일을 했는가?

답 논산에 닿은 후에도 역시 널리 의병을 모았다.

문   이곳에서 다시 어디로 향해 갔는가?

답   공주로 바로 갔다.

문   공주에 닿은 것은 며칠인가?

답   그달 초엿새나 이레쯤인데 자세히는 모르겠다.

문   공주에 도착한 후에는 무슨 일을 하였는가?

답   공주에 닿기 전에 전투가 벌어졌는데, 결국 패하고 말았다.

문   그대는 매번 글을 사람에게 부칠 때 반드시 직접 썼는가, 아니면 다른 사람에게 대신 쓰도록 했는가?

답   직접 쓰기도 했고 대신 쓰도록 하기도 했다.

문   대신 쓰도록 할 때는 반드시 그대의 도장을 찍었는가?

답   대부분 겉봉투에 도장을 찍었는데, 그렇지 않은 경우도 많았다.

문   그대가 삼례에 머물 때 사람들에게 부친 편지가 매우 많던데, 이 편지들은 모두 직접 쓴 것인가 대신 쓴 것인가? 만약 대신 쓰도록 할 때는 도장을 찍었는가?

답   모두 통문通文*으로 부쳤으며 사적인 편지는 없었다. 오직 손화중이 머무는 곳에 부친 편지가 있을 뿐이다.

문   처음부터 한 글자도 사적인 편지를 부친 적이 없는가?

답   만일 그 편지를 본다면 알 수 있을지 모르나, 지금은 자세히 알 수 없다.

문   (편지 하나를 꺼내 보여 주며) 이것

통문
여러 사람에게 보낸 글.

은 그대가 직접 쓴 것인가, 대신 쓰도록 한 것인가?

답 대신 쓴 것이다.

문 누구에게 대신 쓰도록 시켰는가?

답 접주가 쓴 듯한데, 지금은 그가 누구인지 정확히 모르겠다.

문 그대는 앞서 최경선에게 대신 쓰도록 시킨 일이 있는가?

답 최는 글을 쓰는 데 능하지 못하다.

문 이 편지는 삼례에서 보낸 것인가?

답 그렇다.

문 이 편지의 날짜를 보면 분명 9월 18일인데, 어찌하여 10월에 삼례에서 회동했다고 하는가?

답 이전에 10월이라고 진술한 것이 아마도 9월인 듯하다.

문 (또 다른 편지 하나를 보여 주며 묻기를) 이것은 직접 쓴 것인가, 남에게 쓰도록 시킨 것인가?

답 이것 역시 남이 쓴 것이다.

문 누가 썼는가?

답 이 역시 접주에게 쓰도록 시켰으나, 지금은 그가 누구인지 기억나지 않는다.

문 오늘 그대가 진술한 내용을 하나하나 솔직히 말하라. 그런 후에야 신문 내용이 완결될 것이다. 혹시라도 여러 가지 거짓을 고하면 일이 지루해질 뿐 아니라 그대에게도 큰 해가 있을 것이다.

공주시 금학동에 세워진 우금치 전적비.

답　달이나 날짜는 결과적으로 자세히 기억하기 어렵지만 나머지 관여한 것에 대해 어찌 터럭만큼이라도 거짓으로 고하겠는가?

문　글을 대신 쓰도록 시킬 때는 반드시 사람을 정했을 텐데 어찌 알지 못한단 말인가?

답　나는 원래 졸필이라서 매번 사람을 시켜 대신 쓰도록 했을 뿐 정해 놓은 사람은 없었다.

문　이 두 통의 편지는 모두 그대가 시킨 것인가?

답　그렇다.

문　삼례에서 사람들을 규합한 일은 모두 그대의 소행인가?

답　그렇다.

문　그렇다면 봉기와 관련된 것들은 모두 그대가 주모한 것인가?

답　그렇다.

문　(편지 한 통을 꺼내 보여 주며) 이 역시 그대가 시킨 것인가?

답　그렇다.

문　(또 편지 한 통을 꺼내 보여 주며) 이 편지 역시 그대가 시킨 것인가?

답　그렇다.

문　전날 진술하기를, 그대는 김개남과 처음에는 아무런 상관도 없다고 했는데, 지금 이 편지를 보면 두 사람 사이에 상관이 많으니 어찌 된 것인가?

답　김개남은 내가 힘을 합쳐 왕실과 관련된 일을 벌이자고 권했으나 끝까지 듣지 않았다. 그러므로 처음에는 상관이 있던 자이나 결국에는 관계를 끊어 버렸다.

문　(작은 종이를 꺼내 보이며) 이 두 장의 필법이 분명 한 사람의 것인데, 앞의 글은 그대의 글이라면서 이 글은 어찌하여 누구의 글인지 모른다고 하는가?

답　이 글은 내가 쓴 것이 아니다.

문　전에 말하기를, 삼례에서 행한 일은 모두 그대로부터 비롯되었다고 했는데 지금 이 종이를 보여 주자 그대에게서 비롯된 것이 아니라니 참으로 모호하구나.

답　종이 가운데 서학徐鶴이라고 운운한 자는 서병학徐丙鶴이다. 서병학과 나는 왕래가 끊겼으므로 내가 시킨 것이 아니라고 말한 것이다.＊＊

문　동학의 무리 가운데 접주를 뽑는 것은 누가 담당하는가?

답　모두 최시형으로부터 나온다.

문　그대가 접주가 된 것 역시 최가 뽑은 것인가?

답　그렇다.

＊
집강소와 관련된 내용이다. 집강소를 세울 당시 전봉준은 정부의 도움을 받고자 했으나, 김개남은 이를 거부했다.

＊＊
동학운동 초반에 주도적 역할을 했던 서병학은 보은집회 이후 농민군을 배신하고 관군의 밀정으로 돌아선 인물이므로 전봉준과 교류가 없었다.

문 동학 접주는 모두 최로부터 나오는가?

답 그렇다.

문 호남과 호서 모두 마찬가지인가?

답 그렇다.

문 도집, 집강의 임명 같은 것들 또한 모두 최가 선출하는가?

답 최시형이 다수를 선출하는데, 가끔은 접주 등이 대신 선출하기도 한다.

조선을 호령한 강경파 장군, 김개남

전라북도 정읍 출신인 김개남은 동학농민운동 과정에서 전봉준과 함께 대표적인 역할을 한 인물이다. 그는 꽤나 여유 있는 집안에서 태어나 어려서부터 공부도 많이 한 데다 담력까지 커서 모든 사람의 주목을 받는 인물이었다. 그런 그가 세상을 바꾸겠다는 뜻을 품고 봉기하자 그를 따르는 사람들 또한 많았을 뿐 아니라 그를 두려워하는 사람들도 많았다.

1890년경 동학에 들어간 김개남은 누구보다 열심히 활동한 결과 1891년에 접주가 되었다. 그 후 그는 제2대 교주 최시형으로부터 직접 가르침을 받기도 하였다. 그러다 1892년 삼례집회에서 뛰어난 지도력을 인정받아 호남을 대표하는 동학 지도자 가운데 한 사람으로 떠오르게 되었다.

1894년 초, 고부에서 전봉준이 이끄는 백성들이 봉기하자 김개남은 무장 지역의 접주인 손화중과 군대를 일으켜 용맹하게 싸웠다. 그는 백산에 동학운동본부인 호남창의소湖南倡義所를 설치하고 전봉준을 동도대장東徒大將으로 추대한 뒤, 손화중과 함께 총관령總管領이라는 직책을 맡기도 하였다.

김개남은 동학농민운동 과정에서 그 누구보다 강력하게 투쟁했는데, 그러한 그의 의지는 이름에서도 그대로 드러난다. 본명이 '김영주'인 그는 봉기한 후 스스로 '개남開南'이라고 이름을 바꿨는데, 그 이름은 '조선 남쪽을 새로이 연다'라는 의미를 담고 있다.

한편 동학농민군이 전주성에서 폐정개혁안을 제출하고 해산한 뒤 고을마다 집강소

김개남의 주요 거점지였던 남원 교룡산성.

를 설치하여 새로운 정치를 펼치기 시작할 무렵, 나주와 남원, 운봉의 세 고을이

집강소 설치를 하지 않자 김개남은 남원을 공략, 점령하며 직접 개혁 정치를 펼치

기도 하였다. 그 후에도 조정의 명령을 받고 부임하던 남원 부사 이용헌과 고부 군

수 양필환을 처단하는 등 강력한 행동에 나섰다.

제2차 동학농민운동 당시 가장 마지막까지 싸웠던 그는 고향 태인에서 관군에게

체포된다. 그는 어떠한 재판 절차도 없이 전라 감사 이도재의 명령으로 교수형에 처해진다. 그때 상황을 조선 말기의 우국지사 매천 황현黃玹(1855~1910)은 《오하기문》에서 다음과 같이 기록하고 있다.

> 도재는 마침내 난을 불러오게 될까 두려워 감히 묶어서 서울로 보내지 못하고 즉시 목을 베어 죽이고 배를 갈라 내장을 끄집어냈는데 큰 동이에 가득하여 보통사람보다 훨씬 크고 많았다. 그에게 원한을 가지고 있는 자들이 다투어 내장을 씹었고, 그의 고기를 나누어 제상에 올려놓고 제사를 지냈으며 그의 머리를 상자에 넣어서 대궐로 보냈다.

백성들의 강력한 지지를 받던 김개남이 압송 과정에서 다시 난을 일으킬까 두려운 마음에 불법으로 목을 자른 것이다. 이렇게 죽어간 까닭에 전봉준과는 달리 김개남에 대한 자료는 남아 있는 것이 거의 없다. 이것이 그가 동학농민운동에서 전봉준과 비슷한 활동을 벌였음에도 우리에게 썩 알려지지 않은 이유다.

한편 경상남도 통영 출신인 박경리의 대하소설 《토지》에는 김개남을 모델로 한 것이 분명한 '김개주'라는 인물이 등장한다. 이는 전봉준이 전라도 북쪽에서 활약한 반면 김개남은 남쪽에서 활약한 까닭에 그 지역의 영웅으로 기억되고 있음이 소설에도 반영된 것이라고 볼 수 있다.

여섯 번째 공초

1895년 3월 10일

법무아문 관원과 일본 영사가 함께 공초를
마무리한다.

문 오늘 역시 전과 같이 사실을 조사할 것이니 숨김없이 바른대
로 고하라.

답 잘 알겠다.

문 작년 9월 삼례에 있을 때 글을 대신 써 주는 사람이 특별히
없고 접주 가운데 여러 사람을 교체해 가면서 썼다고 하였는데,
과연 사실인가?

답 특별히 대신 써 주는 사람은 없었고, 접주 가운데 바꿔가면
서 쓰도록 하였다. 처음에는 임오남林五男에게 쓰도록 하였으나
그가 아는 게 없어서 그만두게 하고, 다시 김동섭金東燮에게 잠시
쓰도록 하였다.

문 대신 쓴 사람은 오직 김동섭과 임오남, 두 사람뿐인가?

답 접주 가운데 문계팔文季八, 최대봉崔大鳳, 조진구趙鎭九가 가
끔 대신 썼지만 몇 차례 쓰고 그만두었다.

문 그대와 최경선은 사귄 지 몇 년이나 되었는가?

답 5, 6년 정도 되었다. 고향이 같아서 친해졌다.

문 일찍부터 최가 그대의 스승 역할을 하지 않았는가?

답 단지 벗으로서 만났을 뿐 가르침을 받지는 않았다.

문 그대의 진술에 사실과 맞지 않는 것이 있다. 이러하면 쓸데없이 재판만 끌게 될 뿐이다. 솔직히 말한다고 해서 그대에게 해가 되는 것도 없는데 어찌하여 이러는가?

답 특별히 정황을 속인 것은 없다. 며칠 전에 송희옥과 관련된 일은 잠시 숨겼으나 다시 명확히 말하였다.

문 (종이 한 장을 꺼내 보여 주며) 이것은 그대가 직접 쓴 글이 아닌가? 이것이 속인 것이 아니고 무엇인가?

답 이미 내가 한 일은 내가 한 일, 내가 쓴 글은 내가 쓴 글이라고 진술하였으며, 오직 글씨는 내 글씨가 아니라고 하였다. 내게 무슨 이익이 있다고 거짓말을 하겠는가? 이건 내가 쓴 것이 아니다.

문 최경선은 이것을 그대가 썼다고 진술하였는데, 그대는 아니라고 하니 어찌 정황을 속인 것이 아닌가?

답 최에게 정말인지 다시 물어보라. 또 그에게 글을 써보도록 하면 그것이 누구 글씨인지 드러날 것이다.

문 며칠 전 그대를 신문할 때, 그대는 삼례에 머물 때 서기書記라는 명칭이 없다고 말했지만 지금은 서기라는 자가 있다고 하니 어찌된 일인가?

답 지난번에는 대충 말한 것이고, 오늘은 상세히 물으니 그때 잠시 글을 대신 쓰는 자를 가리켜 서기라고 한 것이다.

프랑스 신부가 그렸다고 전해지는 최경선(1859~1895)의 모습. 고부에서 거사를 계획할 때 사발통문에 서명하고, 군사들을 직접 통솔하는 영솔장으로서 황토현·황룡강 전투에서 활약하였다.

전봉준 판결문

제37호

판결선언서

전라도 태인 산외면山外面 동곡東谷 거주

농업

평민

피고 전봉준 41세

위에 적은 전봉준에 대하여 형사 피고 사건을 심문하여 본
즉, 피고는 동학당이라고 부르는 비도匪徒의 우두머리로 접주라고
불린다.

개국 501(1892년)년 1월에 전라도 고부 군수 조병갑이 처음
부임하여 가혹한 정치를 시행하자 그 지방 사람들이 괴로움과 고
통을 견디지 못하고 이듬해 11월에서 12월 사이에 군수에게 가혹
한 정치를 고쳐줄 것을 애통히 간청하였으나 소원을 이루기는커
녕 오히려 모두 잡혀 옥에 갇혔다.

그 후에도 여러 번 청원을 거듭하였으나 즉시 거절하고 터
럭만큼도 효과가 없어 백성들이 매우 분하게 여겼다. 그러나 수천

명이 모여 장차 거사하려 할 때 피고 또
한 마침 그 무리에 들어갔고, 많은 사람
이 추대해 주모자가 되었다. 작년 3월 초

포군
대포를 갖춘 군대.

순에 무리의 우두머리가 되어 그들을 이끌고 고부 바깥 마을에 있
는 창고를 헐고 돈과 곡식을 꺼내어 남김없이 백성들에게 나누어
준 뒤 한두 곳에서 더 일을 벌이고 해산하였다. 그 후 안핵사로 파
견된 장흥 부사 이용태가 고부로 내려와 앞서 일을 벌인 것이 모
두 동학당의 소행이라 판단하고 동학의 도를 배우는 자를 닥치는
대로 잡아 무참히 살육하였다.

　이에 피고는 다시 동학도를 규합하였는데, 응하지 않는 자
는 나라에 충성하지 않는 자요, 의롭지 못한 자이니 반드시 벌을
주겠다고 사람들을 협박하여 4000여 명의 무리를 얻었다. 그들은
각자 소유하고 있던 흉기를 들고 그 지방에서 부유하게 사는 사람
에게 양식을 거두어들인 다음 그해 4월 초, 피고의 주도 아래 전라
도 무장에서 봉기하였다. 그리고 고부, 태인, 원평, 금구 등지를 거
쳐 갈 때 전라 감영의 포군砲軍* 만여 명이 그들을 치러 온다는 말
을 듣고 고부로 물러갔다가 하루 밤낮 동안 전투를 벌여 포군을
격파하고 앞으로 나아갔다. 정읍, 흥덕, 고창, 무장, 영광, 함평을
거쳐 장성에 이른 그들은 서울에서 내려온 경군 700여 명을 다시

격파하고 밤낮을 도와 행진하여 4월 26일과 27일쯤 관군에 앞서 전주성에 입성하였다. 그때 전라 감사는 이미 도망친 후여서 어디로 갔는지 알 수 없었다.

이튿날 초토사招討使 홍재희洪在羲가 군사를 이끌고 전주성 바로 아래까지 다가와 성 밖에 커다란 대포를 설치하고 공격하기 시작하자 피고는 무리와 함께 대응해 관군을 상당히 괴롭혔다. 이에 초토사가 격문을 지어 성 안으로 던지며, '피고 등의 소원을 들어줄 터이니 속히 해산하라'고 타일러 경계하자 피고 등이 27개 조목을 내었다.

1. 전운소轉運署*를 혁파할 것.
2. 국결國結*을 더하지 말 것.
3. 보부상褓負商이 저지르는 폐단을 금지시킬 것.
4. 전라도 내 환전還錢*은 지난번 감사가 이미 징수해 갔으니 백성들에게 다시 징수하지 말 것.
5. 대동미를 상납하기 전 잠상潛商*들이 각 포구浦口에서 행하는 쌀 거래를

전운소
조선 말기 충청·전라·경상에서 세금으로 바친 쌀을 서울로 실어 오는 일을 맡았던 관청.

국결
세금 징수의 대상이 되는 토지.

환전
관아에서 백성들에게 곡식을 빌려주고 가을에 이자를 붙여 거두던 일. 환곡이라고도 한다.

잠상
법으로 금하는 물건을 몰래 사고파는 상인.

금단할 것.

6. 동포전洞布錢*은 집집마다 봄과 가을, 두 냥씩으로 결정할 것.

7. 탐관오리는 자격을 박탈한 후 쫓아낼 것.

8. 위로 임금의 총명을 막아서 가리고, 벼슬과 작위를 팔며 국권을 농단하는 자를 남김없이 축출할 것.

9. 관리가 된 자는 자신이 다스리는 해당 지역에서 장례를 치루거나 논을 살 수 없도록 할 것.

10. 전세田稅*는 예전과 같이 할 것.

11. 집집마다 부과하는 여러 부역을 줄일 것.

12. 포구에 부과하는 어염세魚鹽稅*를 혁파할 것.

13. 보세洑稅*를 거두지 말고 궁답宮畓*을 시행하지 말 것.

14. 각 읍의 수령이 부임지로 내려와 백성들의 산에 표標*를 설치

동포전
조선 말기 군역의 대가로 각 고을의 장정에게서 받던 세금.

전세
논과 밭에 부과하는 세금.

어염세
물고기와 소금에 매기는 세금.

보세
봇물을 이용할 때 그 대가로 내는 돈.

궁답
왕실에서 독립한 대원군·왕자군·공주·옹주가 소유한 논.

표
금표禁標. 일정한 건물이나 구역 안으로 드나들지 말 것을 알리는 푯말.

투장
남의 산이나 묏자리에 몰래 장사를 지냄.

하고 투장偸葬* 하지 못하게 할 것.*

27개 항목을 제시하며 임금에게 말
씀을 아뢰자 초토사가 즉시 승낙하였고
피고는 그해 5월 5, 6일 무렵 흔쾌히 무리
를 해산시켜 각기 생업에 종사하도록 하
였다. 그와 동시에 피고는 최경선과 20여
명을 이끌고 전주를 출발하여 금구, 태인,
장성, 담양, 순창, 옥과, 창평, 순천, 남원, 운봉 등 여러 곳을 거치며
그곳에 자신의 뜻을 널리 알린 후, 7월 하순 태인에 위치한 자신의
집으로 귀가하였다.

그 후 피고는 일본 군대가 궁궐로 난입하였다는 말을 듣고
분명히 일본인이 우리나라를 병합하고자 벌인 일이라 여겨 일본
군대를 공격해 물리치고 조선에 머무르는 일본인들을 국외로 쫓
아내려는 마음을 품고 다시 의병운동을 도모하였다. 피고는 전주
근처 삼례역이 땅은 넓고 전라도의 요충지이기에 그해 9월 무렵
태인에서 출발하여 원평을 지나 삼례역에 닿은 후 그곳을 의병을
일으키는 대도소大都所*로 삼았다. 그런 다음 진안鎭安에 사는 동
학 접주 문계팔, 전영동, 이종태, 금구에 사는 접주 조준구, 전주에

✖
판결문에는 27개 항목 가
운데 14개 항목만 표기되
어 있다.

대도소
동학 도접주들의 총집회
기관.

사는 접주 최대봉, 송일두, 정읍에 사는 손여옥, 부안에 사는 김석윤, 김여중, 최경선, 송희옥 등과 함께 모의하여 전해 3월 이후 피고와 함께한 비도의 우두머리 손화중과 그 아래 전주, 진안, 흥덕, 무장, 고창 등 멀고 가까운 각 지방 백성들에게 격문을 돌리고, 사람을 보내 유세를 벌여 전라도에서 4000여 명을 모았다. 또한 그들은 곳곳의 관아에 침입하여 무기를 강탈하고 각 지방의 부유한 백성들에게 돈과 곡식을 징수하면서 삼례역, 은진, 논산을 지날 때도 무리를 모아 그 수가 만여 명에 이르자 그해 10월 26일 무렵 충청도 공주에 도착하였다.

그러나 그때 이미 일본군이 앞서 공주성을 점거하고 있었으며, 두 차례에 걸쳐 전투를 벌였으나 모두 크게 패하였다. 그런데도 피고는 일본군에 대한 공격을 지속시키고자 하였으나 일본군이 공주에서 꼼짝하지 않는 데다가 피고가 이끄는 동학의 무리가 점차 도망치고 흩어져 모으기 힘들게 되었다. 피고는 부득이하게 고향으로 돌아가 다시 병사를 모은 후 전라도에서 일본군을 막으려 하였다. 그러나 뜻을 같이하고자 모이는 자가 없어 함께 모의했던 3~5명과 의논하여 각기 옷차림을 바꾼 후 경성으로 몰래 들어가 정탐코자 하였다. 이에 피고는 장사꾼 복장을 하고 홀로 상경하고자 태인을 떠나다가 전라도 순창을 지날 무렵 민간인 병사에게 잡히게 되었다.

　이 사실은 피고와 함께 공모한 손화중, 최경선 등이 자백한 공초와 압수한 증거 문서에 분명히 드러난다. 이에 피고의 행위를 대전회통 형전 가운데 '군복을 입고 말을 타고서 관아에 변을 일으킨 자는 지체 없이 목을 벤다'라는 법률에 비추어 처벌할 것이다.

　위와 같은 이유로 피고 전봉준을 사형에 처한다.

개국 504년 3월 29일

법무아문法務衙門 권설權設[*] 재판소裁判所 선고宣告

　　　법무아문　대신大臣[*]　서광범徐光範

　　　　　　　협판協辦[*]　이재정李在正

　　　　　　　참의參議[*]　장박張博

　　　　　　　주사主事　김기조金基肇

　　　　　　　　　　　　오용묵吳容默

권설
미리 정하지 않고 그때그때 필요에 따라 설치함. 여기서는 '임시'라는 뜻.

대신
갑오개혁 이후 내각 각부의 으뜸 관리. 오늘날의 장관에 해당.

협판
내각 각부의 차관급 관리.

참의
협판 아래의 사무직 관리.

회심會審[*]

경성京城 주재駐在 일본제국日本帝國 영사
領事 우치다 사다즈치內田定槌

회심
법관이 모여 사건의 사실
관계와 법률 관계를 확실
히 하기 위해 증거나 진술
따위를 심사하던 일.

제36호

판결선고서 원본

※
최영창의 자字는 경선卿宣
이라고 최영창의 판결문에
나온다. 따라서 최영창은
최경선이다.

전라도 정읍 거주

농업

평민

피고 손화중孫化中, 나이 35세

위에 적은 손화중에 대하여 형사 피고 사건을 심문한즉 피고는 동학당이라 하는 비도의 우두머리로 개국 503년(1894년) 3월 이후 해당하는 무리를 모아 전라도 고부 관아로 난입하여 못된 짓을 저질러 군사 무기를 약탈하고 그곳에서 전라 감영全羅監營의 군사에 대항하여 정읍, 흥덕, 무장 등지를 거쳐 전주로 진입하여 초토사 홍재희가 이끄는 관군에 대항하였다.

이 사실은 피고와 함께 공모한 전봉준, 최영창崔永昌* 등이 자백한 공초와 압수한 증거 문서에 분명히 드러난다. 이에 피고의 행위를 대전회통 형전 가운데 '군복을 입고 말을 타고서 관아에 변을 일으킨 자는 지체 없이 목을 벤다'라는 법률에 비추어 처벌할 것이다.

　　위와 같은 이유로 피고 손화중을 사형에 처한다.

개국 504년 3월 29일

법무아문 권설 재판소 선고

　　　　　　　　　　　법무아문　대신 서광범

　　　　　　　　　　　　　　　　협판 이재정

　　　　　　　　　　　　　　　　참의 장박

　　　　　　　　　　　　　　　　주사 김기조

　　　　　　　　　　　　　　　　　　오용묵

회심 경성 주재 일본제국 영사 우치다 사다즈치

제35호

판결선고서 원본

전라도 태인 주산동 거주

농업

평민

피고 최영창崔永昌, 자字 경선卿宣[*], 나이 37세

✖
최영창은 전봉준의 공초
에 최경선崔慶善으로 자
주 등장하는데, 경선景善,
경선敬善 등으로도 알려
져 있다.

모주
일을 주장하여 꾀하는
사람.

위에 적은 최영창에 대하여 형사 피고 사건을 심문한즉 피고
는 동학당이라고 부르는 비도의 우두머리로 개국 503년 3월 이후
에 전라도 태인 산외면 동곡에 거주하는 농민 전봉준의 모주謀主
[*]가 되어 무리를 모아 전라도 고부군 관아로 난입하여 못된 짓을
저지르고 또 그곳에서 전라 감영의 관군에 대항하였다. 그리고 정
읍, 흥덕, 고창, 무장, 영광, 함평, 장성을 지나 같은 해 4월 26, 27
일경 전주로 난입하여 초토사 홍재희가 이끄는 관군에 대항할 때
피고는 전봉준의 팔다리가 되어 시종 그 일에 참여하였을 뿐더
러 같은 해 9월 이후에는 전봉준이 일본군을 쳐부수기 위해 무리
를 모아 각 지방 관아의 군기를 약탈할 때도 피고는 그 뜻에 동참

하여 정읍, 장성, 담양, 동복 등지를 다니며 무리를 불러 모으던 중 같은 해 12월 동복 벽성碧城에서 성을 지키던 군사에게 잡혔다.

이 사실은 피고와 함께 공모한 전봉준, 손화중이 자백한 공초와 압수한 증거 문서에 분명히 드러난다. 이에 피고의 행위를 대전회통 형전 가운데 '군복을 입고 말을 타고서 관아에 변을 일으킨 자는 지체 없이 목을 벤다'라는 법률에 비추어 처벌할 것이다.

위와 같은 이유로 피고 최영창을 사형에 처한다.

개국 504년 3월 29일
법무아문 권설 재판소 선고

법무아문 대신 서광범

협판 이재정

참의 장박

주사 김기조

오용묵

회심 경성 주재 일본제국 영사 우치다 사다즈치

영웅이 떠난 자리에 남겨진

혁명의 씨앗

전라북도 순창의 깊숙한 곳에 위치한 피노리 마을로 몸을 숨긴 전봉준. 그러나 12월 2

일, 지난날 전봉준의 부하였던 김경천의 밀고로 은신처가 발각되어 체포당하고 만다.

체포될 당시 전봉준은 다리 한쪽이 부러진 상태였다고 한다. 조선 관군이 아닌 일본군

에 의해 서울로 압송된 전봉준은 신설 재판기관인 법무아문에서 모진 심문을 받게 되

고, 이듬해 3월 손화중, 최경선 등과 함께 교수형에 처해진다.

다음은 《선봉진일기》에 수록된 전봉준 체포와 관련된 보고 기록이다.

잡혀 온 동학농민군.

관아로 압송되는 전봉준의 모습.

1894년 12월 7일

  호남소모관湖南召募官이 보고한 일입니다. 동학의 도적 가운데 고
부에 사는 전봉준은 동학 무리를 가장 먼저 선동했던 우두머리입니
다. 많은 죄상을 낱낱이 거론하기는 어려우나, 백성을 속여 군사를 조
직한 뒤 관군에 저항하여 주州와 현縣을 공격한 죄, 마을을 빼앗아 창
고를 불사르고 무기고를 탈취하여 호남·호서 천리 사이에 오래도록
사람의 자취가 끊어지게 한 죄가 모두 이자의 소행입니다.

(…) 전봉준은 60여 개의 성을 함락하고 몇 만 명의 백성을 죽였으며, 두세 명의 수령을 살해하였습니다. 따라서 그의 죄상을 따지면 가히 한나라의 황건적*에 비교되며 명나라의 이자성*보다 더한 놈이니, 결코 처벌을 늦추지 말고 섬멸해서 죽여야 할 것입니다.

다행히도 하늘이 길을 알려주는지 이번 달 초이틀 밤, 김개남과 은밀히 만나고자 순창 피노리避老里를 지나던 전봉준을 그 마을의 선비 한신현韓信賢이 목격하였습니다. 이에 한신현은 곧바로 뜻을 일으켜 김영철金永喆, 정창욱丁昌昱과 함께 마을 장정들을 거느리고 몰래 뒤를 밟아 전봉준과 그의 수하 세 명을 그 자리에서 모두 생포하였습니다. (…)

그리하여 그들을 격려하기 위해 우선 이곳에서 상금 천 냥을 지급하고자 합니다. 그런데 죄인 전봉준을 격식을 갖추어 본도 순영*에 압송하려는 도중 일본군 부대가 읍에 들어와 "우리가 남쪽으로 내려온 것은 오직 이 한 놈 때문이다. 그러니 서울로 압송하여 추국推鞫*하는 것이 마땅하다"라고 하며 끌고 가는 것을 막지 못하고 부득이하

황건적
중국 후한 말 농민봉기를 일으킨 세력. 군사 고유의 표식으로 황색 두건을 둘러 황건적이라는 별칭이 붙었다.

이자성
중국 명나라에서 농민봉기를 주도한 인물. 이 반란으로 인해 명나라가 멸망하게 되었다.

✖
전봉준은 나주 감옥에 갇혀 있다 서울로 끌려갔다.

추국
조선 시대 의금부義禁府에서 임금의 특명에 의하여 중죄인을 신문하던 일.

게 죄인 전봉준을 일본군에게 내 줄 수밖에 없었음을 보고합니다.

가장 마지막까지 싸우다 후퇴한 김개남은 고향 태인에 숨었으나, 오랜 친구의 배신으로 관아에 넘겨진다. 관군에게 체포된 후, 한양이 아닌 전주로 압송된 그는 다른 동학 지도자들과 다르게 어떠한 재판도 없이 그 자리에서 즉결 처분을 당하였다.

전봉준 다음으로 체포된 손화중은 고부와 순창에서 동원된 민병들에 의해 잡혀 일본군에게 넘겨진다. 당시 손화중은 두 명의 부하를 거느리고 있었으나, 민병과의 싸움 도중 사살 당한다. 그는 나주 초토영 감옥에 전봉준과 함께 있다가 서울에서 재판을 받고, 같은 날 교수형에 처해진다.

사형이 집행된 뒤, 일본은 농민운동의 씨를 말리기 위해 가담자들을 모조리 색출하여 잡아들인다. 이 과정에서 전봉준의 가족들은 모두 죽임을 당하였고, 김개남과 손화중의 자손들 역시 큰 피해를 입었다. 겨우 살아남았다 해도 성과 이름을 바꾼 채 평생을 일본군의 눈을 피해 살아갔다. 가장 아쉬운 점은 동학군의 가족들이 한 번에 몰살당한 탓에 오늘날까지 남아 있는 기록이 거의 없다는 것이다. 물론 사람들의 거듭된 관심과 연구를 통해 많은 부분이 확인·복원되었으나, 그들의 행적을 모두 찾아 기릴 수 없음이 안타까울 따름이다.

우리는 왜 100년도 더 지난 오늘,
전봉준 장군 신문을 참관하러 갔나?

갓 마흔 살을 넘긴 나에게 온 고을 사람들이 찾아와 "당신이 나서야 합니다. 더 이상 백성들은 견딜 수가 없으니, 당신이 앞장선다면 우리 모두 따르겠습니다"라고 한다면, 여러분의 마음은 어떻겠습니까? 하물며 앞장서는 순간 죽음을 각오해야 한다면? 아마 쉽사리 결정할 수 없을 것입니다.

그러나 고통 속에서 눈물과 절망으로 살아가는 이웃들을 위해 기꺼이 운명을 받아들인 사람이 있었으니, 바로 전봉준을 비롯한 동학농민운동의 지도자들입니다. 그들은 백성들의 고혈을 쥐어짜기에만 혈안이 되었던 조선의 탐관오리들을 대신해 정의를 외치고, 조선을 집어삼키려는 일본군에 맞서 싸웠습니다.

'동학농민운동'이라고 알려진 역사적 사건의 세부 내용은 우리가 아는 것보다 훨씬 복잡합니다. 그러나 사건의 본질은 단순하지

요. 부정과 부패, 탐관오리가 판을 치는 나라의 가혹한 정치를 견디지 못한 백성들이 목숨을 걸고 저항한 혁명이니까요.

물론 동학농민운동은 결과적으로 실패했습니다. 수만 명의 농민과 백성들이 관군과 일본군의 공격을 받고 무덤도 남기지 못한 채 죽어 갔을 뿐 아니라, 지도자들 또한 극형을 받고 저세상으로 떠났습니다. 대부분은 제대로 재판도 받지 못한 채 말이지요.

하지만 인간이 더 나은 세상을 향해 목숨을 걸고 싸웠는데, 어떻게 아무런 가치가 없을 수 있을까요? 그 순간에는 실패한 듯 보이는 사건이 결국에는 더 나은 세상을 앞당겼음을, 우리는 역사를 통해 수차례 확인한 바 있습니다.

동학농민운동 역시 마찬가지였습니다. 동학농민운동이 일어나지 않았다면, 조선 백성들이 겪어야 했던 고통은 훨씬 심각했을 것이 분명합니다. 농민들의 외침은 500년 동안 봉건 체제의 명맥만을 유지하며 서서히 시들어 간 조선을 뒤흔들기에 충분했습니다. 그런 면에서 동학농민운동에 참여한 수많은 농민들의 희생은 결코 헛된 것이 아닙니다. 게다가 그들의 나라 사랑, 백성 사랑, 정의 사랑은 이 한반도에 꿋꿋이 살아남아 민중이 더 큰 자유를 실현하는 데 필요한 자양분이 되었습니다.

그러나 여전히 안타깝습니다. 나라 이름은 조선에서 대한민국으로 바뀌었지만, 오늘도 이 땅에서는 힘없는 백성들이 고통받으며 살아가고 있습니다. 세계 각국에서 들어온 힘 있는 자들은 무기 대신 돈과 권력을 동원해 자신들의 이익만을 챙기고 있습니다. 시간은 흘렀건만 사회는 썩 변치 않은 것이지요.

그렇기에 지금 이 순간, 동학농민운동의 지도자인 전봉준의 재판 기록을 살펴보는 것은 무척이나 소중한 작업입니다. 우리는 100여 년 전, 목숨을 걸고 싸운 동학농민군의 실체를 살펴보고, 더 나은 세상을 만들고자 했던 조상들의 정신과 뜻을 이어받아야 합니다.

그들이 목숨을 걸고 이루고자 했던 큰 뜻은 무엇일까? 우리는 그 뜻을 어떻게 이어받아야 할까? 그리고 더 나은 세상을 만들기 위해 우리 모두 어떻게 살아가야 할까? 이 모든 질문에 대한 답이 바로 죽음을 눈앞에 두고도 당당했던 전봉준과 농민군 지도자들의 마지막 모습에 담겨 있으니까요.

전봉준 판결문. 국가기록원 소장.

구한말 조선에서 펼쳐진
전봉준과 농민군의 숨 가쁜 여정

1884년		갑신정변.
1885년		청·일 톈진조약.
1892년	4월	고부군수 조병갑 부임, 농민들을 무분별하게 수탈.
	11월	전봉준과 농민들, 거사 계획을 위한 사발통문 작성.
1893년		조병갑, 어머니의 병환으로 고부에서 물러나 익산 군수로 발령.
1894년	1월 9일	조병갑, 고부 군수로 다시 부임.
	1월 10일	고부농민봉기.
		전봉준, 농민군을 이끌고 관아로 진격하여 수탈한 곡식을 나누어 가짐.
	2월 15일	고부농민봉기가 정부에 보고되어 조병갑 파면.
	2월 16일	장흥 부사 이용태, 민란 수습을 위해 안핵사에 임명.
	3월 1일	고부 농민군 해산.
		안핵사 이용태, 민란 수습 과정에서 동학교도들을 과도하게 진압.
	3월 20일	무장에서 제1차 동학농민운동 발생.
		전봉준, 손화중, 김개남 창의문 선포.
	4월 2일	조선 정부, 민란 진압을 위해 홍계훈 장군 파병.
	4월 7일	동학농민군, 황토현 전투에서 승리.
	4월 14일	조선 정부, 민란의 원흉 이용태를 경상도로 유배 보냄.
	4월 20일	의금부, 도망갔던 조병갑을 공주에서 체포.
	4월 23일	동학농민군, 장성 황룡강 전투에서 승리.
	4월 27일	동학농민군, 전주성 점령.

4월 30일	조선 정부, 동학농민군 진압을 위해 청나라에 지원 요청.	
5월 2일	청나라군, 인천에 상륙.	
5월 6일	일본군, 인천에 상륙.	
5월 7일	전주화약.	
	동학농민군, 홍계훈 장군에게 폐정개혁안 제출.	
5월 8일	전봉준, 전라도 일대를 돌아본 뒤 적절한 장소에 집강소 설치.	
6월 21일	일본군, 경복궁 침입.	
7월 1일	청일전쟁 발발.	
7월 6일	전봉준, 정부 관리 김학진과 집강소 운영을 위해 협력.	
	김개남, 이를 거부하고 전봉준을 떠나 독자적 세력을 운영.	
7월 26일	갑오개혁.	
8월 17일	일본군, 평양전투에서 청나라군에게 승리.	
9월 10일	제2차 동학농민운동.	
	전봉준이 이끄는 동학농민군, 2차 봉기를 위해 삼례로 집결.	
9월 18일	동학 교주 최시형, 무력봉기를 선언.	
10월 13일	일본군, 본격적으로 동학군을 진압하기 시작.	
11월 8일	동학농민군, 공주 우금치 전투에서 패배.	
11월 27일	동학농민군, 태인 최후 항전에서 패배.	
	전봉준, 주력부대 해산 명령을 내림.	
12월 1일	최경선, 김개남 체포.	
12월 2일	전봉준, 순창 피노리에서 체포.	
12월 11일	손화중, 고창에서 체포.	
12월 13일	김개남, 전주에서 참수형에 처해짐.	
12월 25일	최시형이 이끄는 동학농민군, 충주에서 해산.	
12월 27일	관군과 일본군, 서울로 귀환.	
1895년 2월 9일	전봉준, 3월 10일까지 법무아문에서 신문을 시작함.	
3월 29일	전봉준, 손화중, 최경선 등 교수형에 처해짐.	

참고자료

《갑오동학혁명사》, 최현식, 금강출판사, 1980
《거유 전봉준의 개혁사상》, 전하우, 영원사, 1993
《동학농민혁명 국역총서》1~12, 동학농민혁명기념재단, 2014
《동학혁명 전봉준》, 김용덕·김의환·최동희, 동학출판사, 1974
《두산동아대백과사전》
《발굴 동학농민전쟁 : 인물열전》이이화, 한겨레신문사, 1994
《한국민족문화대백과사전》

동학농민혁명기념사업회 누리집
동학농민혁명기념재단 누리집

사진 제공

관동대학교 박물관
국가기록원 사이버 전시관
국립전주박물관
국립중앙박물관
동학농민혁명기념재단
문화재청
왕실도서관 장서각 아카이브
전쟁기념관

• 사진을 제공해 준 기관 및 관계자 분들께 감사드립니다.
• 일부 저작권을 찾지 못한 사진은 확인되는 대로 정해진 절차에 따라 이용료를 지불하겠습니다.